Deutsch

9./10. Klasse

Antje Kelle

Rechtschreibung: Groß oder klein? Getrennt oder zusammen?

Mit heraustrennbarem Lösungsteil

Mentor Übungsbuch 803

Mentor Verlag München

Die Autorin: Antje Kelle, Oberstudienrätin am Gymnasium, Autorin mehrerer Mentor Lern- und Abiturhilfen

Redaktion: Elke Spitznagel

Illustrationen: Henning Schöttke, Kiel

In neuer Rechtschreibung

Umwelthinweis: Gedruckt auf chlorfrei gebleichtem Papier

Layout: Peter Glaubitz, auf der Basis des Layouts von Barbara Slowik, München
Umschlag: Iris Steiner, München
Satz: OK Satz GmbH, Unterschleißheim
Druck: Landesverlag Druckservice, Linz

Auflage:	5.	4.	3.	2.	1.	Letzte Zahlen
Jahr:	2004	2003	2002	2001	2000	maßgeblich

Printed in Austria • ISBN 3-580-63803-3

Inhaltsverzeichnis

Unser Tipp für alle, die noch mehr wissen wollen:

Mentor Lernhilfen

Die sind Spezialisten im Erklären und machen fit fürs ganze Schuljahr!

Die folgenden Bände üben mit besonders spannenden Texten und sind auch für ältere Schülerinnen und Schüler prima geeignet!

Rechtschreib-Krimis 1 (5.–7. Klasse)
Buchstaben und Laute, Worttrennung
ISBN 3-580-63510-7

Rechtschreib-Krimis 2 (5.–7. Klasse)
Groß oder klein, zusammen oder getrennt, Komma oder nicht?
ISBN 3-580-64511-5

Diktate ab 8. Klasse
Mit starken Texten zum Erfolg
ISBN 3-580-63513-1

Vorwort

Hallo, liebe Schülerin, lieber Schüler,

du willst nicht mehr länger im trüben fischen, wann ein Wort groß- oder kleingeschrieben wird? Du weißt nicht genau, wann eine Wortverbindung getrennt geschrieben wird und wann man etwas zusammenschreibt? Und nun möchtest du trainieren, und zwar möglichst schnell und ohne viel Theorie?

Dann bist du hier richtig!
Du wirst sehen – jetzt geht's besonders easy:

Treffsicher Dieses Buch ist in **kleine Lernportionen** gegliedert.
→ So findest du dich besonders schnell zurecht.

Übersichtlich Jede Lernportion umfasst genau eine **Doppelseite**.
→ So hast du immer alles auf einen Blick.

Einleuchtend Jede Doppelseite beginnt mit einer kurzen, klaren **Regel**.
→ So weißt du immer sofort, worauf es ankommt.

Clever Dann geht's ans **Üben** – ganz locker, Schritt für Schritt.
→ So bereitest du dich optimal vor.

Praktisch Der **Lösungsteil** zum Heraustrennen passt seitengetreu dazu.
→ So kontrollierst du blitzschnell – ohne Suchen und Blättern.

Am besten gleich loslegen!

Viel Spaß und ganz viel Erfolg wünscht dir dein Mentor Verlag

Noch ein Tipp Du hast noch mehr Nachholbedarf, aber keine Lust auf Nachhilfe? Dann versuch's doch mit den **Mentor Lernhilfen**: Schau mal auf die Seite gegenüber!

A Wortarten

Da es bei den Rechtschreibkapiteln dieses Buchs sehr oft eine große Rolle spielt, um welche Wortart es sich jeweils handelt, sei an den Beginn eine kleine Übersicht gestellt.

1. Die Anpassungsfähigen

Verb

- **für Aktivitäten**

Das **Verb** (Zeitwort, Tätigkeitswort) ist für alles zuständig, was in Aktion ist. (Zur Sonderform des Partizips siehe Seite 28.)

→ **ziehen, werfen** *(Handlungsverben)*
→ **warten, rollen** *(Vorgangsverben)*

Substantiv

- **für Dinge und Lebewesen**

Das **Substantiv** (Nomen, Hauptwort) gibt allen Dingen und Lebewesen, Vorgängen und Erscheinungen einen Namen.

→ **Schachbrett, Mitspieler** *(Konkreta)*
→ **Hoffnung, Glück** *(Abstrakta)*

Adjektiv

- **für Eigenschaften**

Das **Adjektiv** (Eigenschaftswort) beschreibt Dinge oder Lebewesen.

→ das **quadratische** Brett, ein **großes** Glück

Pronomen

- **für Vertretung und Begleitung**

Das Pronomen (Fürwort) ist als Begleiter oder Stellvertreter eines Substantivs vorgesehen.

a) **Personalpronomen:** Es kann ein Substantiv ersetzen. → Denis spielt gern Schach. **Er** spielt gut.
b) **Possessivpronomen:** Es gibt den Besitzer an. → **Seine** Strategie überzeugt.
c) **Relativpronomen:** Es bezieht sich auf ein Substantiv zurück. → Der Turm, **den** er gerade gezogen hat, ist gedeckt.
d) **Demonstrativpronomen:** Es weist betonend auf etwas hin. → **Dies** dürfte kaum zu übersehen sein.
e) **Indefinitpronomen:** Es bezeichnet etwas Unbestimmtes. → **Man** braucht viel Geduld für dieses Spiel.
f) **Interrogativpronomen:** Es fragt nach etwas. → **Wer** hat Lust auf ein Spiel?

Artikel

- **für das Geschlecht**

Der **Artikel** (Geschlechtswort) gibt an, welches Geschlecht ein Ding oder ein Lebewesen hat.

→ **das** Schachbrett, **der** Spieler *(best. Artikel)*, **ein** Glück *(unbest. Artikel)*

Numerale

- **für Mengen**

Das **Numerale** (Zahlwort) ist für Zahlen und Mengenangaben zuständig.

→ **zwei** Mitspieler *(best. Grundzahl)*, das **dritte** Spiel *(best. Ordnungszahl)*, **einige** / **viele** Möglich-keiten *(unbest. Zahlwort)*

2. Die Unveränderlichen

Adverb

- **für das Drum und Dran**

Das **Adverb** (Umstandswort) bezeichnet die näheren Umstände von Ereignissen, die im Verb ausgedrückt sind.
(Ausführlicheres hierzu auf Seite 36.)

→ Sabine spielt **oft** Basketball.
Sie wirft **reihenweise** Körbe.

Präposition

- **für Verhältnisse**

Die **Präposition** (Verhältniswort) kennzeichnet die Verhältnisse zwischen den Dingen / Lebewesen.

→ Der Ball rollt **über** die Grundlinie hinaus.
Ines steht **neben** ihr.

Konjunktion

- **für Verbindungen**

Die **Konjunktion** (Bindewort) verbindet einzelne Wörter, Wortgruppen oder ganze Sätze miteinander.

→ Maskottchen **und** Stirnband fehlen nie. *(nebenordnend)*
Weil der Trainer so nett ist, macht es allen Spaß. *(unterordnend)*

Interjektion

- **für Spontanes**

Die **Interjektion** (Ausrufewort) drückt Empfindungen durch einen Ausruf aus.

→ **Yeah**, wir haben gewonnen!
Hallo, kommt ihr mit?

Im Lösungsteil sind die Wortarten noch einmal anschaulich dargestellt.

B Groß oder klein?

1. Substantiv, Satz, Überschrift, Werktitel

Immer großgeschrieben werden:
- **Substantive**
  → *Morgen führt unsere **K**lasse ein **T**heaterstück auf.*
- das **erste Wort** eines **Satzes**
  → ***W**ir haben es lange geprobt. **E**s sind viele Gäste eingeladen.*
- das **erste Wort** einer **Überschrift**
  → ***G**roßer Abend in der 10 b*
- das **erste Wort** eines **Werktitels**
  → *Das Stück heißt: **D**as schweigsame Mädchen.*

Merke

Satzanfänge werden jedoch **kleingeschrieben**,
- wenn davor ein Semikolon steht
  → *Es war zwar sehr anstrengend; **a**ber die Mühe hat sich gelohnt.*
- wenn der Satz als Parenthese (eingeschobener Satz) auftritt
  → *Die Aufführung – **s**ie war wirklich super – hat alle begeistert.*
- wenn der Satz mit Auslassungszeichen beginnt
  → *… **u**nd die Zeit ist viel zu schnell verflogen.*

Übung 1

Korrigiere alle fälschlicherweise kleingeschriebenen Wörter. Schreibe die jeweiligen Wörter richtig darüber.

ein abend, den man nicht so schnell vergisst

eigentlich ist die schule ja meistens nicht gerade zu empfehlen: viel arbeit, oft stress

und leider auch manchmal langeweile. in den letzten wochen war das bei uns jedoch

ganz anders: wir haben zwar viel geschuftet und mussten auch einmal am

wochenende kommen; aber dafür haben wir auch viel applaus bekommen. unser theaterstück „das schweigsame mädchen" war ein riesenerfolg. so meinte auch der

schulleiter – er war übrigens sehr stolz auf uns – am nächsten morgen.

... und er hat uns für eine ganze woche aufgabenfrei gegeben!!!

Übung 2

Vier kleine Wörtchen aus dem vorigen Übungstext dürfen nicht korrigiert sein. Erkläre jeweils, warum diese Wörter weiterhin kleingeschrieben werden müssen.

Zeile 2: Das Wort ***viel*** wird kleingeschrieben, weil ....

Zeile 5: Das Wort ***aber*** wird kleingeschrieben, weil ....

Zeile 7: Das Wort ***er*** wird kleingeschrieben, weil ....

letzte Zeile: Das Wort ***und*** wird kleingeschrieben, weil ....

Übung 3

Manche Substantive kann man an der Endung erkennen. Füge folgende Endungen so an die vorgegebenen Wortteile, dass die Zusammenfügungen einen Sinn ergeben.

-chen, -ei, -heit, -keit, -ling, -nis, -schaft, -tum, -ung

Begegn...............

Feig...............

Frei...............

Fröhlich...............

Irr...............

Kennt...............

Mäd...............

Schauspieler...............

Schüler...............

B 2. Substantivierung

Fast jedes Wort kann zum Substantiv und somit **großgeschrieben** werden, wenn davor ein Artikel steht oder gestellt werden könnte.
Eine **Substantivierung** liegt auch vor, wenn statt des Artikels vor dem betreffenden Wort ein Pronomen, eine Präposition, ein Adjektiv oder eine unbestimmte Mengenangabe steht.

Beispiele

Substantiviertes Adverb nach Artikel:
Das Heute *soll man bewusst erleben.*

Substantiviertes Verb nach Pronomen:
Sein Lachen *steckt einfach an.*

Substantivierte Konjunktion nach Präposition:
Ohne Wenn *und* ***Aber*** *stimme ich dir zu.*

Substantivierte Interjektion nach Adjektiv:
In der Halle hörte ich ***lautes Hallo****.*

Substantiviertes Adjektiv nach unbestimmter Mengenangabe:
Etwas Lustiges *gibt es immer zu erzählen.*

Übung 1

Unterstreiche die Wörter des folgenden Textes, die erst durch Substantivierung zu einem Substantiv geworden sind.

Zehn goldene Regeln

1. Glaube an deine Fähigkeiten. Wenn du es nicht tust, wer soll es denn sonst tun?
2. Mach dir deinen Arbeitsplatz gemütlich, weil das Lernen in positiver Umgebung erfolgreicher ist.
3. Das Arbeiten erfordert Konzentration. Lass dich von niemandem ablenken.
4. Teile dein Arbeitspensum ein, verschiebe das Wichtige nicht auf den letzten Moment.
5. Beginne mit etwas, was dir Spaß macht.
6. Pauke nicht stur, sondern setze dich mit dem Lernstoff auseinander. Versuche auch das Drum und Dran zu verstehen.
7. Plane 20% deiner Arbeitszeit als Entspannungsphasen ein. Nur so ist das Üben nachhaltig.
8. Versuche, das Gelernte in dein bisheriges Wissen einzuordnen, damit es nicht „in der Luft" hängt. Das Gedächtnis hat nämlich die Struktur eines Netzes, in dem alle Elemente miteinander zusammenhängen.
9. Vergiss das Wiederholen nicht, damit sich der Lernstoff festigt.
10. Versuche auch außerhalb der Schule das Interessante in der Welt zu entdecken.

Übung 2

Erkläre die Substantivierung, indem du jeweils in die Klammern das substantivierte Wort mit einem (gedachten) Artikel schreibst.

Substantivierung nach einer Präposition:

Mit **L**ernen (..) erreicht man viel.

Durch **B**eharren (..) erreicht man das meiste.

Wir haben nur über **O**berflächliches (..) geredet.

Substantivierung nach einem Pronomen:

Dieses **Ü**ben (..) hilft wirklich.

Solches **W**iederholen (..) macht fit.

Unser **A**bfragen (..) macht sogar Spaß.

Substantivierung nach einem Adjektiv:

Aufmerksames **Z**uhören (..) erspart oft Arbeit.

Lautes **S**chwatzen (..) stört die Konzentration.

Langsames **A**rbeiten (..) ist manchmal sinnvoll.

Substantivierung nach unbestimmter Mengenangabe:

Dies ist sicher nichts **N**eues (..) für dich.

In diesem Buch steht viel **N**ützliches (..).

Alles **S**tressige (..) sollte man meiden.

Merke

Adjektive werden nach einem Artikel weiterhin kleingeschrieben, wenn sich der Artikel auf ein Substantiv bezieht, das gerade vorgekommen ist.

→ *Er liest nur dicke Bücher, ich die* ***dünnen****.*
(In Gedanken ergänzt man das Wort *Bücher*, so dass das Adjektiv in Sinn und Schreibung erhalten bleibt: … *die dünnen Bücher.*)

Übung 3

Welche der folgenden Sätze passen zum vorangehenden Beispiel? Kreuze die richtige Antwort an.

	falsch	richtig
1. Die Jungen können manches von den Alten lernen.	○	○
2. Die nächste Klassenarbeit gelingt bestimmt besser als die Vorige.	○	○
3. Die rechte Hand weiß manchmal nicht, was die linke tut.	○	○
4. Bei spannenden Unterrichtsstunden merkt man nicht, wie die Zeit vergeht, bei Langweiligen schläft man ein.	○	○

B 3. Eigennamen

Eigennamen schreibt man **groß**.
Dazu gehören nicht nur Namen von Personen, sondern auch von Orten, Ländern, Institutionen und anderen einmaligen Objekten, z. B. Sternbildern, Bauwerken, Organisationen, Zeitschriften usw.
In mehrteiligen Eigennamen schreibt man alle Wörter groß – außer Artikel, Präposition und Konjunktion.

Beispiele

*Friedrich der **G**roße, das Kap der **G**uten Hoffnung,*
*der **G**roße Wagen, der **S**chiefe Turm von Pisa,*
*das **G**eologische Institut,*
*der **G**roße **Ö**sterreichische Staatspreis für Literatur*

Übung 1

Schreibe folgende Personen mit vollständigem Namen.

Russische Zarin, die in Sachsen-Anhalt geboren wurde: K........................ d........
G..............

Deutscher Dichter, der lange in Weimar gelebt hat: J.................. W..........................
v....... G..................

Deutscher Komponist, der die „Eroica" geschrieben hat: L.................. v.......
B..............................

Italienischer Kaufmannssohn, der einen religiösen Orden gründete: F............... v....... A..................

Übung 2

Ergänze jeweils den vorderen Teil der nachstehenden Eigennamen.

Sächsischer und polnischer König mit dem Beinamen: .... der Starke

Französische Nationalheldin, die im Hundertjährigen Krieg militärisch aktiv war: .... von Orléans

Portugiesischer Prinz, dessen Schiffe 1444 Guinea erreichten: .... der Seefahrer

Russischer Zar, der keinen freundlichen Beinamen erhielt: .... der Schreckliche

Übung 3

Schreibe die abgekürzten Eigennamen vollständig aus.

BGB ....

DIN ....

TH ....

TÜV ....

Übung 4

Schreibe folgende Abkürzungen in der üblichen deutschen Übersetzung vollständig aus.

UN ....

USA ....

IOK ....

NATO ....

Übung 5

Korrigiere folgende Eigennamen und schreibe sie richtig dahinter.

fehlerhaft geschrieben:	**richtig geschrieben:**
die blaue Moschee (in Istanbul)	....
die große Mauer (in China)	....
der französische Dom (in Berlin)	....
das alte Rathaus (in Leipzig)	....

Übung 6

Schaue im Atlas nach, wo du die folgenden geographischen Gegebenheiten findest, und schreibe sie richtig hin.

Waldreiches Mittelgebirge in Südost-Bayern:

....

Zweithöchste Erhebung des Sauerlandes:

....

Hauptkamm der Ostalpen:

....

Ozean zwischen Amerika und Asien:

....

4. Ableitungen aus Eigennamen mit *-(i)sch* und *-er*

Aus Eigennamen abgeleitete Adjektive mit der Endung *-(i)sch* werden **kleingeschrieben.**

→ *die **ägyptisch**en Hieroglyphen,*
*das **k**opernikan**isch**e Weltbild,*
*der **i**talien**isch**e Wein*

Aus geographischen Eigennamen abgeleitete Bezeichnungen mit der Endung *-er* werden **großgeschrieben.**

→ *die **M**ecklenburg**er** Landschaft,*
*der **S**chweiz**er** Käse,*
*die **K**öln**er** Altstadt*

Übung 1

Entscheide dich für die korrekte Groß- bzw. Kleinschreibung der folgenden Wörter mit der Endung *-(i)sch* und trage sie in die entsprechende Spalte ein.

der INDISCHE Ozean
der KANADISCHE Weizen
der LIBYSCHE Hafen
die TSCHECHISCHE Republik

der INDISCHE Tee
der KANADISCHE Schild
die LIBYSCHE Wüste
das TSCHECHISCHE Bier

Eigenname	Ableitung aus Eigennamen mit *-(i)sch*

Übung 2

Füge die aus den angegebenen Städtenamen gebildeten Ableitungen auf *-er* hinzu.

Berühmtes Kabarett in Berlin: die .... Stachelschweine
Berühmtes Kabarett in Düsseldorf: das .... Kom(m)ödchen
Berühmtes Kabarett in Leipzig: die .... Academixer

Merke

Wenn man das aus einem Personennamen abgeleitete Adjektiv auf *-(i)sch* hervorheben möchte, so kann man den Eigennamen auch **großschreiben** und vor der Nachsilbe einen **Apostroph** einfügen.

*die **g**oetheschen Gedichte* ↔ *die **G**oethe'**schen** Gedichte*
*das **o**hmsche Gesetz* ↔ *das **O**hm'**sche** Gesetz*

Übung 3

Leite aus den nachstehenden Personennamen Adjektive mit der Endung *-(i)sch* ab und notiere beide Schreibalternativen.

die Gesetze von Faraday:

.... oder ....

das Pendel von Foucault:

.... oder ....

das Märchen von Grimm:

.... oder ....

die Philosophie von Kant:

.... oder ....

die Regeln von Mendel:

.... oder ....

die Dörfer des Potemkin:

.... oder ....

die Fehlleistung nach Freud:

.... oder ....

die Evolutionstheorie von Darwin:

.... oder ....

die Logik des Aristoteles:

.... oder ....

Übung 4

Für ein besonderes Adjektiv, das aus dem Namen eines deutschsprachigen Dichters abgeleitet ist, hat sich eine völlig andere Nachsilbe eingebürgert. Weißt du, wie dieser Dichter heißt? (Er hat z. B. das Buch „Die Verwandlung" geschrieben.)

Der gesuchte Dichter heißt ....

Das aus seinem Namen abgeleitete Adjektiv heißt ....

B 5. Anrede

Die **Höflichkeitsanrede** *Sie* und das entsprechende Possessivpronomen *Ihr* schreibt man in allen vorkommenden Formen **groß**.

Die **vertrauliche Anrede** *du* und das entsprechende Possessivpronomen *dein / euer* schreibt man in allen vorkommenden Formen **klein** – auch in Briefen!

Beispiele

*Ich nehme **I**hren Vorschlag gerne an. Ich bitte **S**ie darum.*
*Hast **d**u Zeit? Ich würde **d**ir gerne bei **d**einer Bewerbung helfen.*

Übung 1

Ergänze die fehlenden Anredeformen und Pronomen.

Sehr geehrte Damen und Herren,

für .... Schreiben vom 03. 04. danken wir .... Da alle Schüler unserer Klasse schon ein Betriebspraktikum gemacht haben, freuen wir uns besonders, unsere Kenntnisse über das Berufsleben bei .... ein wenig vertiefen zu können. Wie .... in .... Schreiben anbieten, würden wir gern an .... einführenden Vortrag teilnehmen und uns danach für die Besichtigung in einzelne Gruppen aufteilen. Mehrere aus unserer Klasse haben schon .... Interesse bekundet, ... Abteilung Vertrieb kennen zu lernen, da .... mit dem Gedanken spielen, in .... späteren Beruf dort .... Schwerpunkte zu setzen. Andere von uns würden lieber .... Produktion besichtigen. Es hat nämlich bei uns schon lange Fachdebatten gegeben, wie .... wohl das technische Problem der Beschichtung lösen und ob die elektronischen Bauteile wohl von .... selbst eingesetzt werden. Einige Schüler unserer Klasse möchten außerdem gern das Lager besichtigen; .... können sich nämlich kaum vorstellen, wie man so viele Kleinteile so übersichtlich anordnen kann, dass man bei Bedarf alles sofort findet.

Wir danken für .... Bereitschaft, uns dies alles zeigen zu wollen, und verbleiben mit freundlichem Gruß

.... 10 b

Übung 2

Ergänze auch hier die fehlenden Anredeformen und Pronomen (im Singular und gegebenenfalls auch im Plural).

Hallo, Stephan!

Eigentlich wollte ich .... und meiner alten Klasse ja schon lange schreiben; aber seit wir umgezogen sind, habe ich noch weniger Zeit als vorher.

Aber heute muss es sein. Ich habe nämlich die Fotomontage, die .... mir zum Abschied geschenkt habt, inzwischen an die Wand gehängt, und auch wenn ich sonst nicht gerade ein Fotofreak bin: .... gefallt mir!

.... hast richtig gelesen: .... gefallt mir! Besonders das Bild, auf dem sich .... Hände ganz nah an die Kamera strecken, ist stark. Sag doch bitte den anderen, ich vergess .... nicht.

Hier ist alles anders, aber alle machen es mir leicht, mich schnell einzuleben.

Meinst .... Plan, mich in den Ferien zu besuchen, immer noch ernst??? Ich würde mich riesig freuen.

Bis dann!

Deine Tina

Übung 3

Wird die Anrede groß- oder kleingeschrieben?
Setze die fehlenden Buchstaben ein.

Wenn ......ie mit unserem Vorschlag einverstanden sind, lassen ......ie uns ......hre Entscheidung bitte bald wissen.

Die Briefe wären viel schneller angekommen, wenn ......u ......ie nicht zwei Tage in ......einer Tasche gehabt hättest.

Wir haben ......hretwegen so lange gewartet.

Ich habe ......einetwegen noch nichts unternommen.

Für ......ure weiteren Schuljahre wünsche ich ......uch viel Erfolg.

Ich glaube, ...hr werdet einen guten Abschluss schaffen.

B 6. Tageszeiten

Tageszeiten in Verbindung mit **Adverbien** wie *gestern, heute, übermorgen* werden **großgeschrieben.**

→ *Ich konnte dich **vorgestern Abend** telefonisch nicht erreichen.*

Tageszeiten in Verbindung mit einem **Wochentag** werden **groß- und zusammengeschrieben.**

→ *Bist du am **Freitagabend** im Kino?*

Adverbiale Zeitangaben, die aus einem Substantiv entstanden sind, werden **kleingeschrieben.** Man erkennt sie daran, dass sie die Endung *-s* aufweisen und keinen Artikel haben.

→ *Ich bleibe **samstags** ungern zu Hause.*

Übung 1 **Wähle ein passendes Wort für die jeweilige Lücke.**

Mittags (!) – abends – abends – morgens – freitags – samstagvormittags – Abend – Freitag – Montagmorgen – Sonntag – Samstagmorgen – Nachmittag

Wer gern lange schläft, ist .... nicht so früh müde.

Wer aber am .... lange aufbleibt,

ist .... müde.

Manche Leute werden erst .... munter.

Am .... fällt die Arbeit manchmal schwer.

Am .... ist oft schon Vorfreude auf den Samstag spürbar.

Wir gehen .... manchmal in die Disko.

Vorgestern .... war Kristin bei mir.

Weil an solchem Tag keine Schule ist, haben wir uns für .... verabredet.

Am .... schlafe ich gern lange.

Es macht .... Spaß, durch die Stadt zu bummeln.

Es gibt wenige Menschen, die während des .... ganz fit sind.

Übung 2 **Streiche die falsch geschriebenen Sätze durch.**

1a) Die S-Bahn war heute Früh nicht pünktlich.
1b) Die S-Bahn war heute früh nicht pünktlich.
1c) Die S-Bahn war heutefrüh nicht pünktlich.

2a) Am donnerstagfrüh schreiben wir eine Klassenarbeit.
2b) Am Donnerstag Früh schreiben wir eine Klassenarbeit.
2c) Am Donnerstag früh schreiben wir eine Klassenarbeit.

Übung 3 **Bilde eigene Sätze, in denen die folgenden Wörter – korrekt geschrieben – vorkommen.**

heute Morgen – vorgestern Mittag – übermorgen Abend
am Dienstagmorgen – am Mittwochnachmittag – am Freitagabend
mittags – dienstagabends – nachts

....

....

....

....

....

....

....

....

....

Übung 4 **Überlege, warum folgende Wortverbindungen großgeschrieben werden.**

Man soll **das Heute** nicht ungenutzt lassen.
Das Gestern ist vorüber.
Ich freue mich auf **das Morgen**.

Die Adverbien in den vorigen Sätzen werden großgeschrieben, weil ....

....

....

B 7. Substantiv-Adjektiv-Verbindungen

In festen Verbindungen von Substantiv und Adjektiv, die keine Eigennamen sind, werden **Adjektive im Allgemeinen kleingeschrieben**.

→ *der **b**laue Brief, das **g**roße Los, der schnelle Brüter, **g**rüne Welle*

In **festen Verbindungen** von Substantiv und Adjektiv werden Adjektive jedoch in folgenden Fällen **großgeschrieben**:

- Titel, Ehrennamen oder Funktionsbezeichnungen
  → *der **H**eilige Vater*
- fachsprachliche Bezeichnungen biologischer Arten oder Rassen
  → *die **R**ote Waldameise*
- besondere Kalendertage
  → *der **I**nternationale Frauentag*
- bestimmte historische Ereignisse oder Epochen
  → *die **Ä**ltere Steinzeit*

Übung 1

Setze die passende Form des Adjektivs *gelb* in die Lücken der folgenden Sätze.

Die ………………………… Engel fahren meist mit dem Auto.

Wer bei der Tour de France das ………………………… Trikot bekommt, führt.

Wer unfair ist, bekommt beim Fußball die ………………………… Karte.

Besonders Gesundheitsbewusste essen ………………………… Rüben *(= Möhren)*.

Am ………………………… Fluss wird wohl keine Radtour durchgeführt werden.

Übung 2

Wird das Adjektiv *golden* hier groß- oder kleingeschrieben?

goldenes Kalb – goldenes Zeitalter – goldenes Buch – goldenes Vlies – goldene Hochzeit – goldene Worte – goldene Bulle – goldener Schnitt

Eigennamen → ***Golden:***	*sonst* → ***golden:***

Übung 3 **Fülle die Lücken der folgenden Sätze aus.**

„Schwarz“ ist ein sehr sprechendes Wort, das aber recht verschiedene Bedeutungen haben kann.

Manchmal dient es zur Kennzeichnung dunkler und geheimnisvoller Vorgänge wie etwa bei den Ausdrücken ....chwarzes Geschäft, ...chwarze Kunst oder ....chwarze Messe.

Das Wort kann aber auch ganz real die schwarze Farbe meinen, z. B. bei der ....chwarzen Witwe, einer Spinnenart, oder dem ....chwarzen Mann, dem Schornsteinfeger.

Das Wort wird aber auch oft benutzt, um etwas Negatives auszudrücken, etwa beim ....chwarzen Schaf, bei der ....chwarzen Liste oder beim ....chwarzen Freitag, der 1869 den amerikanischen Finanzmarkt durcheinander brachte.

Woher allerdings das ....chwarze Brett und das ....chwarze Meer ihre Namen haben, wird wohl lange ein Geheimnis bleiben.

Übung 4 **Beantworte folgende Fragen mit einer Wortverbindung aus Substantiv und Adjektiv.**

Welcher Tag ist am 24. Dezember? ....

Welches ist der „Tag der Arbeit“? ....

Was fand zwischen 1939 und 1945 statt? ....

Welcher Friede wurde 1648 in Münster (und Osnabrück) geschlossen? ....

Übung 5 **Ob in folgenden Wortverbindungen wohl das Adjektiv großgeschrieben wird? Notiere die richtige Schreibweise.**

die ERSTE Hilfe ....

das AUTOGENE Training ....

eine GRAUE Eminenz ....

das GROßE Los ....

die HÖHERE Mathematik ....

die INNERE Medizin ....

das OLYMPISCHE Feuer ....

die SCHWEDISCHEN Gardinen ....

B 8. Adjektive in festen Redewendungen

Substantivierte Adjektive in festen Redewendungen werden **großgeschrieben.**
(Diese Regel erübrigt sich eigentlich, da sie ja schon in der Regel zur allgemeinen Substantivierung enthalten ist. Hier hat sich jedoch durch die Rechtschreibreform manches geändert, so dass man die neuerdings recht konsequente Anwendung intensiv einüben sollte.)

Beispiele

*im **A**llgemeinen, alles **M**ögliche, etwas **D**erartiges*
*bis ins **K**leinste, um ein **G**eringes, auf ein **N**eues*

Übung 1

Ergänze die Redewendungen mit einem substantivierten Adjektiv.

etwas retten:	sein Schäfchen ins …………………… bringen
nicht klar sehen:	im …………………… tappen
alle Möglichkeiten nutzen:	aus dem …………………… schöpfen
im Ungewissen suchen:	im …………………… fischen
darbieten:	zum …………………… geben
unterliegen:	den …………………… ziehen

Übung 2

Ergänze passende Adjektive zu einer festen Redewendung, in der sie dann großgeschrieben werden.

im Besonderen	im ……………………
im ……………………	im ……………………
im ……………………	im ……………………
im ……………………	im ……………………

Merke

Feste Verbindungen von **Adjektiv und Präposition** werden als adverbiale Wendungen weiterhin **kleingeschrieben**, wenn kein Artikel einsetzbar ist.

→ *durch **d**ick und **d**ünn,*
*über **k**urz oder **l**ang,*
*von **n**ah und **f**ern*

Übung 3

Schreibe folgende Redewendungen noch einmal selbst daneben und präge sie dir gut ein.

von klein auf ....

seit langem ....

von neuem ....

von weitem ....

bis auf weiteres ....

ohne weiteres ....

Merke

Adverbiale Redewendungen, die mit *aufs / auf das* und einem Superlativ gebildet werden, können groß- oder kleingeschrieben werden.

→ *Ich bin* ***aufs Äußerste / aufs äußerste*** *gespannt.*
Du bist ***aufs Eindringlichste / aufs eindringlichste*** *gewarnt.*
Er ist ***aufs Höchste / aufs höchste*** *erfreut.*

Übung 4

Bilde kurze Sätze mit folgenden adverbialen Redewendungen und schreibe die beiden Alternativen – wie vorgegeben – hin.

aufs Entschiedenste / aufs entschiedenste

....

....

aufs Gröbste / aufs gröbste

....

....

aufs Schärfste / aufs schärfste

....

....

aufs Tiefste / aufs tiefste

....

....

B 9. Spezialfälle

Folgende Zahlwörter werden – auch wenn sie scheinbar substantiviert sind – **kleingeschrieben**:
viel, wenig, eine, andere.

Beispiele

Das viele *ist manchmal weniger,* ***das wenige*** *ist manchmal viel.*
Der eine oder andere *hat dies schon erlebt.*
Das meiste *lernt man durch eigene Erfahrungen.*

Übung 1

Bilde selbst kleine Sätze, in denen du folgende Wörter benutzt, und präge dir ihre Schreibweise gut ein.

die **a**nderen: ....

die **m**eisten: ....

mit **w**enigem: ....

Übung 2

Überlege, warum der folgende Satz trotzdem (!) richtig geschrieben ist.

Mancher ist auf der Suche nach dem ganz **A**nderen.

Man kann das Wort *andere* hier großschreiben, weil es ....

....

....

Übung 3

Und wie wird diese Wortverbindung geschrieben?
Streiche die falsche Schreibweise „nach Gefühl" durch.

ein **b**isschen oder ein **B**isschen ???

Merke

Substantivierte Ordnungszahlen werden großgeschrieben.

→ *Sie kommen als* ***Erste*** *an.*
(Aber: *Dies ist das* ***erste*** *Mal.)*
Das Taschengeld reicht nicht immer bis zum ***Letzten****.*
(Aber: *Im* ***letzten*** *Monat reichte es länger.)*

Übung 4

Entscheide dich für den richtigen Anfangsbuchstaben und setze das entsprechende Wort ein.

Du bist als (DRITTER) .... an der Reihe.

Wir kommen vom (HUNDERTSTEN) .... ins

(TAUSENDSTE) ....

Beim (ZWEITEN) .... Versuch gelingt es bestimmt.

Dies sei fürs (ERSTE) .... genug.

Merke

Einige wenige Wörter, die eigentlich Substantive sind, werden manchmal auch als **Adjektiv** verwendet und dann **kleingeschrieben.**
Dies gilt besonders für folgende Substantive, wenn sie verbunden sind mit den Verben ***sein, bleiben, werden***:

angst, bange, gram, leid, pleite, schuld, wert

→ *Mir **ist angst** und **bange**.*
*Du **bist schuld**.*
*Er **ist** es mir **wert**.*

Übung 5

In folgenden Sätzen werden dieselben Wörter einmal als normales Substantiv verwendet und einmal als Adjektiv in Verbindung mit einem der Verben *sein, bleiben* oder *werden*. Setze jeweils den richtigen Buchstaben ein.

Der ....ram nagte an seinem Herzen.

Ich bin dir nicht ....ram.

Mein Verhalten tut mir ....eid.

Ich bin deine ewigen Ausreden ....eid.

Bist du ....leite?

Wenn du so weitermachst, gehst du bald ....leite.

B 10. Zwischentest

Übung 1

Wie viele Wortarten können – prinzipiell – zu einem Substantiv werden? Kreuze die richtige Antwort an.

○ Alle Wortarten können – prinzipiell – zu einem Substantiv werden.
○ Die meisten Wortarten können – prinzipiell – zu einem Substantiv werden.
○ Einige Wortarten können – prinzipiell – zu einem Substantiv werden.

Übung 2

Wie du inzwischen weißt, gibt es einige Wortverbindungen, die trotz vorangehendem Artikel oder Präposition kleingeschrieben werden. Nenne einige Beispiele.

Nach Artikel wird kleingeschrieben:	Nach Präposition wird kleingeschrieben:

Übung 3

Setze die vorgegebenen Wörter in den Text ein.

Als (KARL DER GROßE) .... lebte, sah es in Europa recht anders aus als heute.

In Berlin gab es beispielsweise noch nicht die Straße (UNTER DEN LINDEN) ....

...., und Paderborn war damals eine sehr bedeutende Stadt.

Der kleine Ort (GARMISCH) .... war noch nicht mit der (RÖMISCHEN)

.... Straßenstation Partenkirchen verbunden, und die (AACHENER)

.... Bevölkerung war noch nicht so groß wie heute.

Auch (WALTER VON DER VOGELWEIDE) ....

.... gab es noch nicht.

Die Menschen orientierten sich noch am (PTOLEMÄISCHEN) .... Weltbild – falls sie überhaupt Zeit für solche theoretischen Dinge hatten.

Übung 4 Setze die vorgegebenen Tageszeiten korrekt ein.

Früher gab es (ABENDS) .... kein elektrisches Licht.

Am (SAMSTAGABEND) .... fanden immer schon Vergnüglichkeiten statt.

Wer am nächsten (MORGEN) .... arbeiten musste, durfte nicht so lange feiern.

Übung 5 Schreibe auch in den folgenden Text die vorgegebenen Wörter. Prüfe jeweils sorgfältig, ob es sich um eine „normale" Verbindung von Substantiv und Adjektiv handelt.

Der (REGIERENDE) .... Bürgermeister der Stadt lädt die Staatsgäste zu einem Rundgang durch den Park ein.

Anschließend legen sie am Mahnmal zur Erinnerung an die Gefallenen des (ERSTEN)

.... Weltkriegs einen Kranz nieder.

Viele Städte habe heute eine (GRÜNE) .... Lunge.

In manchem Stadtpark wächst das (FLEIßIGE) .... Lieschen.

Wer Wien besucht, kann dort die (HOHE) .... Schule der Pferdedressur kennen lernen.

Die (KÜNSTLICHE) .... Intelligenz wird unser Leben wohl weniger verändern als die Erfindung des Feuers.

Übung 6 Suche die versteckten Fehler und korrigiere sie, indem du den Satz richtig darunter schreibst.

Es tut mir leid, wenn es nicht geklappt hat.

....

Es war einen Versuch wert.

....

Manchmal braucht man ein Bisschen Geduld.

....

....

Sie kann das wie kein zweiter.

....

Getrennt oder zusammen?

1. Verb / Partizip und Verb

Verbindungen eines **Verbs** (im Infinitiv) mit einem **zweiten Verb** werden immer (!) **auseinander** geschrieben.

Da Partizipien von Verben abgeleitete Formen sind, gilt dieselbe Regel: Verbindungen eines Partizips mit einem Verb werden immer auseinander geschrieben.

Beispiele

*Wenn ich neue Leute **kennen lerne**, macht die Schule sogar Spaß.*
*Manchmal kann eine Sache einen richtig **gefangen nehmen**.*

Da Partizipien zu den schwierigen Themen der Grammatik gehören, sollen sie gesondert erklärt werden, damit du sie leicht erkennen kannst.

Merke

Bildung von Partizipien

Partizip Präsens (Verlaufsform):
an den Infinitiv des Verbs wird ein *-d* angehängt → strahlen**d**, schreiben**d**

Partizip Perfekt (Vollzugsform):
vor das Verb wird (falls möglich) die Vorsilbe ***ge-*** gesetzt;
die Endung lautet dann:
bei starken Verben ***-en*** → **ge**sproch**en**
bei schwachen Verben ***-t*** → **ge**sammel**t**

Verwendung von Partizipien

Partizipien benennen ein Merkmal von etwas (wie ein Adjektiv).

Das **Partizip Präsens** benennt ein Merkmal, das sich gerade „**ereignet**". → Die **strahlende** Sonne lockt zu einem Ausflug.

Das **Partizip Perfekt** benennt ein „Ereignis", das **beendet** ist. → Ich verstehe den **gesprochenen** Satz. Sie stapeln das **gesammelte** Holz.

Übung 1

Bilde von folgenden Wörtern beide Partizipien.

starke Verben: gehen, gleiten, laufen, lesen, reißen
schwache Verben: betonen, drücken, erwähnen, trennen, wackeln

Partizip Präsens	**Partizip Perfekt**
starke Verben:	starke Verben:
schwache Verben:	schwache Verben:

Übung 2

Schreibe zu den Partizipien die entsprechende Verbform im Infinitiv. (Achtung: Bei einem Wort ist dies nicht möglich, da es sich nicht um ein Partizip handelt.)

gefahren: ....

gelähmt: ....

gefährlich: ....

geboten: ....

Übung 3

Partizip-Verb-Verbindungen:
Verbinde die Sätze mit den passenden Verben.

Es gibt nur wenige, die das Lateinische fließend	bekommen.
Ein heißes Bad kann sehr entspannend	sprechen.
Kleine Kinder wollen stets etwas geschenkt	gehen.
In dieser Höhle muss man gebückt	wirken.

Übung 4

Kombiniere folgende Verben so mit den vorgegebenen, dass sich sinnvolle Verb-Pärchen ergeben.

bestehen, liegen, lieben, sitzen, spazieren, ruhen,
stiften, kennen, schätzen, stehen, flöten, gehen

.... bleiben

.... bleiben

.... bleiben

.... gehen

.... gehen

.... gehen

.... lassen

.... lassen

.... lassen

.... lernen

.... lernen

.... lernen

Übung 5

Füge jeweils ein Partizip mit einem Verb zu einer sinnvollen Einheit zusammen und bilde damit einen kleinen Satz:

gesagt, gestohlen, verborgen – bleiben, halten, bekommen

Kombinationen:

....

....

Sätze:

....

....

....

Übung 6

**Schärfe deinen Blick für Partizipien.
Kreuze an, ob der erste Teil der Verbindung ein Verb im Infinitiv oder ein Partizip ist.**

	Verb im Infinitiv	Partizip
Die Verbindung zweier Verben wird **getrennt geschrieben.**	○	○
Die Reformen haben manche alte Rechtschreibregeln **fallen lassen.**	○	○
Wer die alten Regeln kennt, könnte manchmal noch **stecken bleiben.**	○	○
Ich habe neulich einen Duden **geschenkt bekommen.**	○	○

Übung 7

Überlege, warum der folgende Satz – trotz seiner inhaltlichen Korrektheit – nicht als Beispielsatz in dieses Kapitel passt.

Verbindungen eines Verbs im Infinitiv mit einem zweiten Verb werden immer (!) auseinander geschrieben.

Dieser Satz passt formal nicht in dieses Kapitel, weil ....

....

....

Übung 8

Auch in die folgenden Sätze hat sich ein schwarzes Schaf geschlichen: ein Satz, bei dem gar keine Verb-Verb-Verbindung vorliegt. Finde diesen Irrläufer und unterstreiche ihn.

Nutzlose Ziele sollte man fallen lassen.
Wer beim Vortragen eines Referats stecken bleibt, sollte nicht gleich kopflos werden.
Wenn Ängste verloren gehen, gewinnt man nur.
Damit man nicht sitzen bleibt, muss man manchmal büffeln.
Angesichts des Erfolgs wird dies aber nicht so schwer fallen.

Übung 9

**Von den folgenden Sätzen passt nur einer in dieses Kapitel.
Kreuze ihn an.**

○ Dies könnte mir **gefallen.**
○ Hast du auch daran **Gefallen** gefunden?
○ Man muss sich nicht alles **gefallen** lassen.

2. Substantiv und Verb

Verbindungen eines **Substantivs** mit einem **Verb** werden meist **auseinander** geschrieben.

Beispiele

*Wollen wir heute **Eis laufen**?*
*Ob wir bei diesem Wetter **Rad fahren** können?*
*Dort müssen wir sicher an der Kasse **Schlange stehen**.*

Merke

Man schreibt beide Wörter jedoch **zusammen**,

- wenn das Substantiv schon so verblasst ist, dass man es kaum noch als ein solches wahrnimmt.
- wenn das verblasste Substantiv schon ganz fest mit dem Verb verschmolzen ist.

→ *Wollen wir am Wochenende an der Rundfahrt **teilnehmen**?*
(Man erkennt kaum noch, dass hier das Verb *nehmen* mit dem Substantiv *Teil* verschmolzen ist.)

→ *Aus deiner Mimik **schlussfolgere** ich, dass du keine Lust dazu hast.*
(Hier erkennt man noch das Substantiv *Schluss*; es ist aber bereits ganz fest mit dem Verb *folgern* zu einer Einheit verschmolzen.)

Übung 1

Stelle den Text auf einem gesonderten Übungsblatt richtig. Achte dabei besonders auf die Verbindung von Substantiv und Verb.

1. Indenwinterferienwerdenwirhoffentlichskilaufen.
2. Dieanreiseindasskigebietistzwarrechtweit, aberdawirgernautofahren, machtesunsnichtsaus.
3. Leute, dieangsthaben, solltenlieberzuhausebleiben.
4. Abersiekönneneinemleidtun, weilsienichtwissen, wieherrlichesaufdenpistenist.
5. Manmussnatürlichbeidenabfahrtenachtgeben.
6. Inunseremortistfürnotfälleindernähederlifteeindiensthabenderarztzuerreichen.
7. Zumglücksinddiehängenichtüberfüllt, dadertourismushiernochnichtrechtfußgefassthat.
8. Wennwirheimreisen, werdenwirwohlschonvondennächstenskiferienträumen.

Übung 2

Finde aus dem vorigen Text den Satz heraus, in dem das Substantiv der Substantiv-Verb-Verbindung schon so verblasst ist, dass man die Verbindung zusammenschreibt.

In Satz Nr. .... wird die Verbindung zwischen Substantiv und Verb nicht getrennt geschrieben, da das Substantiv so verblasst ist, dass man es kaum noch als diese Wortart wahrnimmt: ....

Übung 3

Ergänze die folgenden Wortverbindungen von Substantiv und Verb, bei denen das Verb als Partizip Präsens auftritt und beides ebenfalls auseinander geschrieben wird.
Folgende Substantive stehen zur Auswahl:

Achtung, Aufsehen, Aufsicht, Erholung, Händchen, Schatten

eine .... gebietende Persönlichkeit

ein .... spendender Baum

der .... führende Lehrer

ein .... suchender Großstädter

die .... haltenden Paare

die .... erregenden Ereignisse

Merke

Substantiv und Partizip werden nicht auseinander geschrieben,

- wenn zwischen ihnen ein Verbindungsbuchstabe steht.
  → *erholungssuchende Touristen* (Verbindungsbuchstabe: *s*)
- wenn durch die Zusammenfügung ein Artikel oder eine Präposition eingespart werden kann.
  → *herzerquickendes Jauchzen*
  (*… erquickt **das** Herz:* Artikel *das* eingespart),
  schneebedeckte Berggipfel
  (*… **mit** Schnee bedeckt:* Präposition *mit* eingespart)

Übung 4

Suche weitere Beispiele dieser Art.

Verbindungsbuchstabe	eingesparter **Artikel**	eingesparte **Präposition**

3. Adjektiv und Verb

Verbindungen eines **Adjektivs** mit einem **Verb** werden nur dann **auseinander** geschrieben,

- wenn das **Adjektiv gesteigert** werden kann.
  → *Diese Übung wird dir **leicht fallen**. (leichter fallen)*
- wenn das **Adjektiv erweitert** werden kann, z. B. durch *sehr* oder *ganz* (*nicht* zählt dabei nicht als Erweiterung).
  → *Es wird dich **zufrieden stellen**. (sehr zufrieden stellen)*
- wenn es sich um ein **Adjektiv mit der Endung** ***-ig, -lich, -isch*** handelt.
  → *Es werden hoffentlich nur wenige Fragen **übrig bleiben**.*

Übung 1

Bestätige die Getrenntschreibung folgender Verbindungen von Adjektiv und Verb, indem du das jeweilige Adjektiv in einer Steigerungsform mit dem Verb in die rechte Spalte schreibst.

Getrenntschreibung	Mögliche Steigerung des Adjektivs in dieser Verbindung
nahe bringen	
schwer fallen	
gut gehen	
bekannt machen	
genau nehmen	

Übung 2

Bestätige die Getrenntschreibung folgender Verbindungen von Adjektiv und Verb, indem du das jeweilige Adjektiv erweiterst und mit dem Verb in die rechte Spalte schreibst.

Getrenntschreibung	Mögliche Erweiterung des Adjektivs in dieser Verbindung
lieb haben	
geheim halten	
offen lassen	
ernst nehmen	
kurz treten	

Übung 3

Kombiniere die folgenden Wörter so, dass jeweils sinnvolle Adjektiv-Verb-Pärchen entstehen, die wegen der Adjektivendung *-ig, -lich* oder *-isch* getrennt geschrieben werden.

übrig – logisch – kritisch – ruhig – deutlich – heimlich – folgern – tun – machen – stellen – denken – lassen

Verbindungen eines Adjektivs mit der Endung *-ig* und einem Verb:

....

Verbindungen eines Adjektivs mit der Endung *-lich* und einem Verb:

....

Verbindungen eines Adjektivs mit der Endung *-isch* und einem Verb:

....

Übung 4

Suche aus den folgenden Verbindungen von Adjektiv und Verb diejenigen heraus, die getrennt geschrieben werden müssen, und schreibe sie richtig daneben.
(Achtung! In einem Fall gibt es zwei Möglichkeiten, wobei jedoch dann das Wort jeweils etwas anderes bedeutet.)

richtig geschrieben:

geringachten ....

krummnehmen ....

feinmahlen ....

knapphalten ....

geradesitzen ....

klarsehen ....

kleinschneiden ....

fertigstellen ....

sauberhalten ....

kurztreten ....

müßiggehen ....

gutschreiben ....

Bei dem Wort .... entscheidet sich die Schreibweise nach der jeweiligen Bedeutung:

In der Schreibweise .... bedeutet es ....

In der Schreibweise .... bedeutet es ....

4. Adverb und Verb

Verbindungen von **zusammengesetzten Adverbien** mit einem **Verb** werden **getrennt** geschrieben.
Dies gilt vor allem für Adverbien, die mit *-einander* oder *-wärts* gebildet werden.

Beispiele

Ein Kurzschluss hätte fast unseren Plan ***zunichte gemacht.***
Wir mussten kurzfristig den Lautsprecher ***auseinander nehmen.***
Die anderen waren verblüfft, dass ich so schnell ***vorwärts kam.***

Da das Adverb nicht immer leicht zu identifizieren ist, bei der Rechtschreibung aber nicht unwichtig ist, gehen wir zunächst auf diese Wortart ein.

Die Übersetzung des aus dem Lateinischen stammenden Ausdrucks Ad-verb bedeutet „beim Verb". Daraus kann man schon ablesen, dass es meist eine sehr enge Beziehung zum Verb hat.

Merke

Das Adverb erläutert die näheren Umstände eines Geschehens genauer. Es gehört zu denjenigen Wortarten, die ihre Form nicht verändern können.

Die umfangreichsten Gruppen der Adverbien:

Adverb des Ortes (auf die Frage *Wo? Woher? Wohin?)*
→ *dort, links, oben, heim, vorn*

Adverb der Zeit (auf die Frage *Wann? Wie lange? Wie oft?)*
→ *dann, jetzt, täglich, morgen, nie*

Adverb des Grundes (auf die Frage *Warum? Weshalb? Wozu?)*
→ *daher, deswegen, dafür, meinetwegen, dazu*

Adverb der Art und Weise (auf die Frage *Wie?)*
→ *so, anders, gern, ganz, zusammen*

Für unsere Rechtschreibregel interessiert jedoch nur, ob das betreffende Adverb ein ursprüngliches Adverb ist (z. B. *da, dort, hier*) oder ob es aus mehreren Bestandteilen zusammengesetzt ist (z. B. *daran, dorthin, hierauf).* Nur für die letzte Gruppe – also für die **zusammengesetzten Adverbien** – gilt die Regel.

Übung 1

Versuche in den folgenden zusammengesetzten Adverbien die ursprünglichen Bestandteile zu erkennen und notiere sie.

ursprüngliche Einzelteile:

barfuß .... + ...

beiseite .... + ...

bergauf .... + ...

daheim .... + ...

dergestalt .... + ...

gleichfalls .... + ...

hinterrücks .... + ...

möglicherweise .... + ...

zweifelsohne .... + ...

Übung 2

Kombiniere die angebotenen Einzelteile und schreibe sie als gebräuchliche zusammengesetzte Adverbien hin.

neben- ab- vor- beziehungs- über- hinter- allen- keines- zu- meiner-
-rücks -morgen -bei -seits -über -weise -seits -weilen -falls -wegs

....

....

....

....

Übung 3

In der folgenden Aufzählung liegen zwei Kuckuckseier, d. h. zwei Wörter, die gar keine Adverbien sind.
Finde sie und streiche sie durch.
Überlege, um welche Wortart es sich denn dann handelt.

abends – anderswohin – anstelle – anfangs – aufgrund – dabei – massenweise – überall – vergebens – zusammen

Die durchgestrichenen Wörter sind keine Adverbien, sondern: ....

Für sie trifft die Rechtschreibregel von Seite 36 **nicht** zu.

Übung 4

Stelle aus dem Vorrat der zusammengesetzten Adverbien Verbindungen mit einem Verb – im Sinne der Regel und der Beispiele auf Seite 36 – zusammen.

zustatten – durcheinander – abwärts – einwärts – anheim – ineinander – überhand – aufeinander – rückwärts

.... geraten

.... fließen

.... folgen

.... kommen

.... fallen

.... nehmen

.... steigen

.... biegen

.... fahren

Übung 5

Ergänze die vorgegebenen zusammengesetzten Wörter, so dass sie eine sinnvolle – auseinander geschriebene (!) – Verbindung mit einem Verb eingehen.

abhanden ....

zuteil ....

zugute ....

zueinander ....

gegeneinander ....

auseinander ....

aufwärts ....

seitwärts ....

vorwärts ....

Übung 6

Manchmal kommt die Verbindung von Adverb und Verb im Infinitiv mit *zu* vor. Streiche die falsche Schreibweise durch.

Wir haben uns noch mit dem Thema auseinanderzusetzen.
Wir haben uns noch mit dem Thema auseinander zu setzen.

Merke

Bei einigen Adverbien, die mit Verben verbunden sind, kann man wählen zwischen der Kleinschreibung des adverbialen Teils oder seiner Zerlegung (mit entsprechender Großschreibung des vorkommenden Substantivs).

***infrage** stellen ↔ **in Frage** stellen*

Übung 7

Übe diese Wahlmöglichkeiten, indem du jeweils die Alternativen ergänzt.

zusammengesetztes Adverb	**zerlegtes Adverb**
instand setzen	
	zu **G**runde gehen
zuleide tun	
	zu **R**ande kommen
zuschanden machen	
	zu **S**chulden kommen
zustande bringen	
	zu **T**age fördern
zuwege bringen	

Merke

Bei der Substantivierung (vgl. Seite 10) werden Adverb-Verb-Verbindungen **zusammengeschrieben**.

→ *Die **Infragestellung** von etwas, was bisher als sicher galt, kann eine große Herausforderung sein.*

Übung 8

Bilde die Substantivierung der hervorgehobenen Wortverbindung und setze sie in die Lücke des nachfolgenden Satzes.

Gestern musste ich **daheim bleiben.**

Das .... war nicht eingeplant.

Wer **anders denkt**, grenzt sich manchmal aus.

Das .... führt manchmal zur Ausgrenzung.

Manchmal müssen wir etwas **auswendig lernen.**

Das .... ist manchmal nützlich.

5. Verbindungen mit *sein*

Verbindungen mit dem Hilfsverb ***sein*** werden immer (!) **auseinander** geschrieben.

Beispiele

*Will man keinen Fehler machen, muss man gut **dabei sein.***
*Zum Ausdrucken muss der Drucker natürlich **an sein.***
*Es dürfte lange **her sein**, dass ich es vergessen habe.*

Übung 1

Setze die hervorgehobenen Ausdrücke – ggf. in grammatisch angepasster Form – in die Lücken der neuen Sätze ein.

Ich **bin** heute gut **drauf**.

Wenn man gut ……………………, gelingt alles besser.

Wir **sind imstande**, durch das Internet zu surfen.

Beim Surfen muss man ……………………, die richtige Auswahl zu treffen.

Mein Chat-Partner **war** gestern nicht **da**.

Ich will mal schauen, ob er heute …………………… .

Hallo, **warst** du heute auch schon im Internet **drin**?

Als ich im Internet ……………………, habe ich interessante Infos gefunden.

Die Zeit **ist** manchmal schnell **um**.

Es ist schade, dass die Zeit schon …………………… .

Leider **sind** wir beim Chatten nicht real **zusammen**.

Es wäre netter, wenn wir real …………………… könnten.

Übung 2

Sammle weitere gebräuchliche Verbindungen dieser Art mit dem Hilfsverb *sein*.

……………………………………………………………………

……………………………………………………………………

……………………………………………………………………

……………………………………………………………………

Übung 3

Es gibt drei Verbindungen mit dem Hilfsverb *sein*, die man – ähnlich wie in Übung 7 auf Seite 39 – wahlweise in zwei oder drei Wörtern schreiben kann. Ob du sie durch Nachdenken findest?

Bei folgenden Verbindungen mit dem Hilfsverb *sein* kann man wählen zwischen:

.... sein oder .... sein

.... sein oder .... sein

.... sein oder .... sein

Übung 4

Welche der folgenden Sätze passen nicht hierher, da sie bei näherem Hinsehen gar keine Wortverbindung mit dem Hilfsverb *sein* eingehen? Finde die Kuckuckseier.

1. Wenn wir **zusammen sind**, ist die Stimmung prima.
2. Ich freue mich, dass du schon **zurück bist**.
3. Da wir **außerstande sind** ernst zu bleiben, ist immer etwas los.
4. Weil er zu spät **gekommen ist**, hat er etwas verpasst.
5. Nett, dass ihr noch nicht **gegangen seid**.
6. Schade, dass sie nicht **da ist**.

Die Sätze .... passen nicht zum Thema dieses Kapitels, da ....

....

Übung 5

Korrigiere die fehlerhaft geschriebenen Verbindungen, indem du ihre Getrenntschreibung durch einen deutlichen Strich markierst. Schreibe dann die Verbindung richtig darunter.

Kannst du heute schon vor Beginn meiner Party hiersein?
Dein Hiersein würde mich riesig freuen.

....

Du kannst dann dabeisein, wenn die ersten Gäste kommen.
Dein Dabeisein bringt immer gleich die Sache in Schwung.

....

Fetzige Musik wird unser Zusammensein würzen.
Da wir morgen schulfrei haben, können wir lange zusammensein.

....

Damit die Nachbarn zufriedensein können, müssen wir die Fenster schließen.
Das Zufriedensein der Nachbarn ist eine unabdingbare Voraussetzung für die nächste Party.

....

6. Zusammenschreibung

Wörter werden **zusammengeschrieben**, wenn sie zu einem einzigen Begriff verschmolzen sind, also eine **gedankliche Einheit** bilden.

Beispiele

*Die Astronomie kann viele Fakten **zusammentragen*** (im Sinne von *sammeln*).
*Die Sonnenfinsternis ist präzise **vorhergesagt** worden* (im Sinne von *prophezeien).*
*Trotzdem können berechenbare Himmelsereignisse manchmal einem Wunder **gleichkommen*** (im Sinne von *ähneln*).

Übung 1

Überlege, was die in den Beispielen zusammengeschriebenen Wörter bedeuten, wenn sie auseinander geschrieben werden. Bilde 3 kleine Sätze, in denen diese Wörter – auseinander geschrieben – vorkommen.

zusammen tragen ....

vorher sagen ....

gleich kommen ....

In dieser Bedeutung könnten die Wörter so eingesetzt werden:

....

....

....

Übung 2

Erkläre die Bedeutung der folgenden Wörter für den Fall ihrer Zusammen- und Getrenntschreibung.

freisprechen ....

frei sprechen ....

feststehen ....

fest stehen ....

großschreiben ....

groß schreiben ....

Übung 3

Suche zusammengesetzte Verben, die als gedankliche Einheit zusammengeschrieben werden.
Für jeden Buchstaben ist ein Strich vorgesehen:

Bedeutung	**zusammengesetztes Verb**
jemanden blamieren	**b** _ _ _ _ _ _ _ _ _ _
bestimmen, festlegen	_ **e** _ _ _ _ _ _ _ _
eine Fernsehsendung anschauen	_ _ **r** _ _ _ _ _ _
unversteuerte Lohnarbeit verrichten	_ _ _ **w** _ _ _ _ _ _ _ _ _ _ _
jemanden durch einen Schlag töten	_ _ _ _ **c** _ _ _ _ _ _
etwas vorhersagen	_ _ _ _ _ _ **a** _ _ _
außer Betrieb setzen	_ _ _ _ _ _ _ _ **g** _ _
wegen Krankheit die Arbeitsunfähigkeit bescheinigen	_ _ _ _ _ _ _ _ **r** _ _ _ _ _
aus repräsentativen Teilergebnissen das Gesamtergebnis vorausberechnen	_ _ _ _ _ _ _ _ _ **e** _

Merke

Zusammensetzungen aus Präposition / Adverb und Verb werden zusammengeschrieben.

→ ***ab**ändern, **ab**bauen, **ab**biegen,*
***hinauf**gehen, **hinauf**klettern, **hinauf**ziehen,*
***zusammen**fügen, **zusammen**schreiben (!), **zusammen**setzen*

Weitere Wörter dieser Art können gebildet werden mit:
an-, auf-, beisammen-, dagegen-, dar-, dazwischen-, empor-, herab-, hindurch-, hinzu-, inne-, los-, über-, vor-, wider-, zurück-, zwischen-

Übung 4

Sammle weitere Wörter, mit denen man Zusammensetzungen bilden kann, indem du die Anfangsbuchstaben ergänzt.

a _ _	e _ _ _ _ _ _	m _ _
b _ _	f _ _ _	u _
d _ _ _	h _ _ _ _ _	z _ _ _ _

Übung 5

Warum wurde in Übung 1 die Wortverbindung *zusammen tragen* trotzdem einmal auseinander geschrieben?

Bei dieser Getrenntschreibung ist ***zusammen*** ....

....

7. Allerlei Besonderheiten

Verbindungen mit ***irgend-*** werden **zusammengeschrieben**.

Beispiele

irgendeiner, irgendetwas, irgendwann

Übung 1

Prüfe, was sich geändert hat, wenn geschrieben wird:
irgend so einer, irgend so etwas, irgend so jemand.

Das Wörtchen ....

Für diesen Fall gilt diese Regel nicht.

Merke

Verbindungen mit ***so*** oder ***wie*** werden meist **auseinander** geschrieben.

→ ***Wie viele*** *waren gestern da?*
Ich hätte nicht gedacht, dass ***so viele*** *gekommen sind.*

Übung 2

Welche Erklärung mag es dafür geben, dass folgende Wörter zusammengeschrieben werden: *solange, sobald, sooft?*
Erkläre diese Schreibweise mit einer Regel, die kürzlich vorgekommen ist.

Solange, sobald, sooft schreibt man zusammen, weil ....

....

....

Übung 3

Achtung! Es gibt jedoch Sätze, in denen diese Wörter in einem ganz anderen Sinn benutzt werden, so dass sie auseinander geschrieben werden. Prüfe dies bei den folgenden Sätzen und trenne – falls notwendig – die hervorgehobenen Wörter durch einen senkrechten Strich.

1. **Solange** wir Spaß haben, ist ja alles in bester Ordnung.
2. Wir haben **solange** auf dich gewartet.
3. Ich hatte nicht gedacht, dass es schon **sobald** klappt.
4. **Sobald** es klappt, rufe ich dich an.
5. Ich habe es schon **sooft** versucht.
6. **Sooft** ich dich anrufe, gehst du selten sofort ans Telefon.

Verbindungen von zwei Adjektiven oder von einem Partizip mit einem Adjektiv werden **auseinander geschrieben**,

- wenn der **erste Bestandteil** auf ***-ig, -lich, -isch*** endet.
- wenn das **Partizip** den **ersten Bestandteil** bildet.

Beispiele

Erster Bestandteil endet auf *-ig, -lich, -isch:*
*Die Wolken sind heute schmutz**ig** grau.*
*Das Meer sieht bläu**lich** grün aus.*

Das Partizip ist erster Bestandteil:
*Gestern war es noch **drückend** heiß.*
*Einen **strahlend** blauen Himmel gibt es nur noch auf Postkarten.*

Übung 4

Erkläre, warum also folgende Wörter zusammengeschrieben werden: *blaugrau, feuchtwarm, nasskalt.*

Diese Verbindungen werden zusammengeschrieben, weil ....

....

....

....

Übung 5

Vervollständige folgende Sätze, indem du dem Adjektiv ein von dir ausgedachtes Partizip voranstellst, das dann getrennt schrieben wird.

Der Himmel ist .... blau.

Die Wolken sind .... weiß.

Die Fotos sind .... scharf.

Übung 6

Trenne die falsch geschriebenen Wörter durch einen senkrechten Strich.

1. Draußen war es heute brütendheiß.
2. Die Sonne hängt abends manchmal purpurrot am Himmel.
3. Sie ist dann riesiggroß.
4. Außerdem ist sie dann auch länglich rund.

C 8. Zwischentest

Übung 1

Prüfe dich selbst, ob du die Rechtschreibregeln für die Zusammen- und Getrenntschreibung gut behalten hast, indem du die wichtigsten – ohne zurückzublättern – sinngemäß richtig vervollständigst.

Verbindungen eines **Verbs** (im Infinitiv) oder eines **Partizips** mit einem ....

....

....

Verbindungen eines **Substantivs** mit einem ....

....

....

Verbindungen eines **Adjektivs** mit einem **Verb** werden nur dann **auseinander** geschrieben,

wenn das Adjektiv ....

oder wenn das Adjektiv ....

oder wenn es sich um ein Adjektiv mit der Endung .... handelt.

Verbindungen von **zusammengesetzten Adverbien** mit ....

....

....

Dies gilt vor allem für Adverbien, die gebildet werden mit ....

....

Verbindungen mit dem Hilfsverb ***sein*** ....

....

....

Wörter werden zusammengeschrieben, wenn sie ....

....

....

Übung 2

Lass dir den folgenden Text von jemandem diktieren. Begründe anschließend die Schreibweise der unterstrichenen Wörter.

Wie man an den kennen gelernten Regeln feststellen kann, kommt es sehr häufig vor, dass aufeinander bezogene Wörter auseinander geschrieben werden. Dass Verbindungen zweier Wörter zusammengeschrieben werden, kommt also viel seltener vor.
Man muss besonders darauf Acht geben, um welche Wortart es sich jeweils handelt. Hierbei darf man sich auch von Ausnahmen nicht irreführen lassen. Die Rechtschreibreform hat maßgebende Änderungen bewirkt. Wenn die Umgewöhnung auch manchem schwer fallen mag und ihm nichts anderes übrig bleibt, als sich zu fügen, so muss man der Reform doch zugute halten, dass vieles einfacher geworden ist. Und viele Schüler können seither wegen besserer Diktatnoten zufrieden sein.

Die Erklärungen für die Schreibweise der unterstrichenen Wörter lauten:

Wortverbindung:	**auseinander geschrieben** wegen:	**zusammengeschrieben** wegen:
kennen gelernt		
aufeinander bezogen		
auseinander geschrieben		
zusammengeschrieben		
Acht geben		
irreführen lassen		
maßgebend		
schwer fallen		
übrig bleiben		
zugute halten		
zufrieden sein		

D Bindestrich

Ein Bindestrich muss gesetzt werden bei Zusammensetzungen mit **Einzelbuchstaben**, **Ziffern** und **Abkürzungen**.

Vor **Nachsilben** steht nur dann ein Bindestrich, wenn sie mit einem **Einzelbuchstaben** verbunden sind.

Beispiele

Einzelbuchstaben:
I-*Punkt,* ***T***-*Shirt,* ***x***-*beliebig*

Ziffern:
17-*jährig,* ***4***-*Zylinder,* ***3:2***-*Sieg*

Abkürzungen:
Kfz-*Schlosser,* ***dpa***-*Meldung,* ***Dipl.***-*Ing.*

Nachsilben:
*zum x-**ten** Mal, die n-**te** Potenz* ↔ *ein 68**er**, 100%**ig***

Übung 1

Streiche die falsch gesetzten Bindestriche durch. Schreibe die Verbindungen korrekt hin und begründe anschließend deine Korrekturen.

Die km-Zahl überrascht mich. Ich dachte, ich sei die 3-fache Strecke gefahren. Auf der Autobahn fuhr ich lange hinter einem 20-Tonner. Ich habe bestimmt ein 20-stel mehr Sprit verbraucht. Im Autoradio gab es Musik im ¾-Takt. Auf dem Parkplatz benötigte jemand einen Schraubenschlüssel und fragte überall nach einem 15-er. Wir haben zum Schluss noch einen 3-stündigen Abstecher gemacht.

Die korrigierten Verbindungen: ....

Begründung: ....

....

Merke

Bilden Ziffern und Nachsilben den vorderen Bestandteil einer (echten) Zusammensetzung, so steht nach der Nachsilbe – im Sinne der o. g. Regel – ein Bindestrich.

→ *Ich hatte zufällig einen **15er**-Schlüssel bei mir.*
*Die Schraube hat um keinen **100stel**-Millimeter nachgegeben.*

Übung 2

Überprüfe die Bindestriche der folgenden Sätze. Sind sie alle richtig oder alle falsch? Kreuze an.

An der Imbissbude stand eine 10er-Gruppe, die es sich schmecken ließ. Die meisten waren im Alter der 68er-Generation. Sie hatten offenbar lange nichts gegessen; denn mehrere bestellten sich eine 3fach-Portion.

○ Alle Bindestriche sind richtig gesetzt.
○ Alle Bindestriche sind falsch gesetzt.

Merke

Ein Bindestrich kann gesetzt werden, um zusammengesetzte Wörter leichter lesbar zu machen oder einzelne Bestandteile hervorzuheben:

statt *Polizeieinsatz* → *Polizei-Einsatz*
statt *Verkehrszeichenregelung* → *Verkehrszeichen-Regelung*
statt *Kontrolllampe* → *Kontroll-Lampe*
statt *Schritttempo* → *Schritt-Tempo*

Übung 3

Ordne die folgenden Buchstaben so, dass zwei zusammengesetzte Wörter entstehen, die man mit oder ohne Bindestrich schreiben kann.

SSTSRE-SNIOTIUTA, ANUHTAOB-ÜTBSENREWIADCSHGUN

....

Merke

Ein Bindestrich muss gesetzt werden, wenn ein Infinitiv mit einer dazugehörigen Wortgruppe substantiviert wird.

→ *Das **I**mmer-im-Stau-**S**tehen macht keine Freude.*
*Manchmal ist es zum **A**uf-und-davon-**L**aufen.*

Übung 4

Substantiviere die hervorgehobenen Wortgruppen der folgenden Sätze.

Wer es liebt, gemütlich **aus dem Fenster zu schauen**, sollte mit der Bahn fahren.

Wer das gemütliche .... liebt, sollte mit der Bahn fahren.

Aber es hat auch seine Nachteile, **auf den Zug warten zu müssen.**

Aber das .... hat auch seine Nachteile.

E Worttrennung

Man trennt Wörter am Zeilenende an den Stellen, die sich bei langsamem Sprechen als **Silben** zu erkennen geben. Seit der Rechtschreibreform gilt dies auch für **einzelne Vokale** und die Trennung von ***st***!
→ ***E**-be-ne, Kas-**t**en*

Ein einzelner Konsonant kommt bei der Trennung in die neue Zeile.
→ *Die-**l**e, Läu-**f**er, So-**f**a*

Von mehreren Konsonanten kommt bei der Trennung nur der **letzte** in die neue Zeile.
→ *E**mp**-fangs-raum, Ma**t**-te, Zi**m**-**m**er*

Die Buchstabenverbindungen ***ch, sch, ck*** (!) sowie *ph, rh, sh, th* (in Fremdwörtern) werden nicht getrennt.
→ *Kü-**che**, Ho-**cker**, Bib-li-o-**th**ek*

Zusammengesetzte Wörter und Wörter mit Vorsilbe trennt man nach ihren **Bestandteilen**.
→ *O-ber-ge-schoss, Vor-hof, An-bau*

Übung 1

Zerlege die folgenden Wörter in ihre Sprechsilben, indem du die Trennstellen mit einem senkrechten Strich markierst.

gemütlich – individuell – ebenerdig – einrichten – Treppenhaus – Radiogerät – Telefon – Mobiliar – Garderobe – Fensterbank

Übung 2

Füge die Silben zu 10 zweisilbigen Wörtern zusammen.

Be Blu Ei Ha Hei Lei Mö O Re Va bel fen gal ken me mer se sen ter zung

....

....

Übung 3

Welche der folgenden Wörter sind falsch getrennt ?

Bürs-te, Rech-ner, Stö-psel, Lüf-tung, Pol-ster, Stän-der, Schür-ze, Klin-gel, Lam-pe

Die falsch getrennten Wörter werden so richtig getrennt:

....

Übung 4

Ergänze die Wörter so, dass die Silben nach den Trennstrichen mit *ch-*, *ck-* oder *sch-* beginnen.

Be-..................... Ni-.....................

Be-..................... Rü-.....................

Bü-..................... So-.....................

De-..................... Ste-.....................

Du-..................... Wä-.....................

Übung 5

Zerlege die Buchstabenkette in zusammengesetzte Wörter und kennzeichne jeweils die Stelle, an der man sie trennen könnte.

VORHANGTÜRGRIFFSTANDUHRSITZPLATZSCHUHSCHRANKSCHUBFACHSCHREIBTISCH HANDTUCHEINGANGBACKBLECH

Die Einzelwörter werden so getrennt: ....

....

....

Merke

Bei Wörtern, deren ursprüngliche Zusammensetzung nicht mehr erkennbar oder bewusst ist, kann man bei der Trennung wählen zwischen der Trennung nach den Bestandteilen und nach den Sprechsilben.

→ *hin-auf* oder *hi-nauf*,
Lin-ole-um oder *Li-no-le-um*

Übung 6

Schreibe neben folgende Wörter, die nach den Bestandteilen ihrer ursprünglichen Zusammensetzung getrennt sind, die alternative Trennmöglichkeit nach Sprechsilben.

Trennung nach Sprechsilben:

Chir-urg ....

in-ter-es-sant ....

par-al-lel ....

Mon-arch ....

Päd-ago-gik ....

dar-um ....

ein-an-der ....

F Abschlusstest

Übung 1

Groß oder klein? Bei den folgenden Übungen geht es zweimal um dasselbe Wort, es wird jedoch jeweils anders geschrieben. Setze die fehlenden Buchstaben ein.

Die ....roße Mauer in China ist beeindruckend.

Eine ....roße Anstrengung vergisst man bei Erfolg.

Der ....eutsch-........ranzösische Krieg fand 1870/71 statt.

Die ....eutsch-........ranzösiche Kirchenbaukunst ist von besonderer Art.

Wir ....eobachten eine Sonnenfinsternis.

Durch ....eobachten lernt man viel.

Würden ....ie mir bitte ....hren Fahrschein zeigen?

Fahrgäste werden manchmal kontrolliert, wenn ....ie in der S-Bahn sitzen.

Am nächsten ....ienstag, und zwar ....ittags gleich nach der Schule, hole ich dich ab.

Wir gehen ....ienstagsmittags manchmal in die Stadt.

Über das Buch „........ie Welle“ kann man lange nachdenken.

Auch mich hat ....ie Welle der Begeisterung mitgerissen.

Das war eine ....emeine Idee.

Eine ....emeine Stubenfliege kennt jeder.

Manchmal sieht es so aus, als sei der Staat eine Familie im ....roßen.

Im ....roßen sozialen Gefüge herrschen aber noch andere Kräfte.

Mir wird ....ngst, wenn ich nur daran denke.

Wer gesunde ....ngst hat, handelt nicht leichtsinnig.

Es wäre das ....este, nach einigen Wochen noch einmal die Regeln dieses Buches zu wiederholen.

Das ....este Erfolgserlebnis wäre dann eine erfreuliche Diktatnote.

Übung 2

Schreibe die mit Großbuchstaben geschriebenen Wörter jeweils richtig daneben. Achte diesmal besonders auf die Zusammen- und Getrenntschreibung.

An den neuen (SITZENLASSEN) .... sich die Armlehnen verstellen.
Wir dürfen sie morgen nicht (SITZENLASSEN) ....

Wann hast du (LESENGELERNT) ....?
Für den Lesewettbewerb haben sie in der Schule anspruchsvolles (LESENGELERNT)

....

Können Sie mir den genauen (PREISGEBEN) ....?

Wir wollen die Hoffnung nicht (PREISGEBEN) ....

(SCHNEEBEDECKTE) .... die Gipfel.

(SCHNEEBEDECKTE) .... Gipfel laden zum Fotografieren ein.

Ein Referat sollte man (FREISPRECHEN) ....
Man kann euch nicht von einer gewissen Verantwortung (FREISPRECHEN)

....

Die Meteorologen hatten das Gewitter (VORHERGESAGT) ....

Hättest du es (VORHERGESAGT) ...., dass du es nicht kannst, hätte ich dir geholfen.

Das (MUSIKERLEBEN) .... ist nicht jedermanns Sache.

Das (MUSIKERLEBEN) .... ist recht abwechslungsreich verlaufen.

Wer alles (GLEICHMACHEN) .... möchte, den stört bald die Eintönigkeit.
Manches sollte man (GLEICHMACHEN) ...., statt es auf die lange Bank zu schieben.

Nun hast du das Buch bis zur letzten Seite durchgearbeitet.
Ein großes Kompliment für deine Konsequenz !!!
Nun solltest du als Belohnung das tun, was du schon lange tun wolltest.

Viel Spaß dabei!

Deutsch

9./10. Klasse

Antje Kelle

Rechtschreibung: Groß oder klein? Getrennt oder zusammen?

Lösungsteil
(an der Perforation heraustrennen)

Nach dem Heraustrennen bitte hier klammern

Mentor Übungsbuch 803

Mentor Verlag München

6 7

A Wortarten

Da zu dieser ersten Übungseinheit keine Aufgaben gestellt wurden, bietet diese Seite keine Lösungen, sondern eine Übersicht, mit der man sich die zehn Wortarten der deutschen Sprache noch einmal etwas besser einprägen kann.

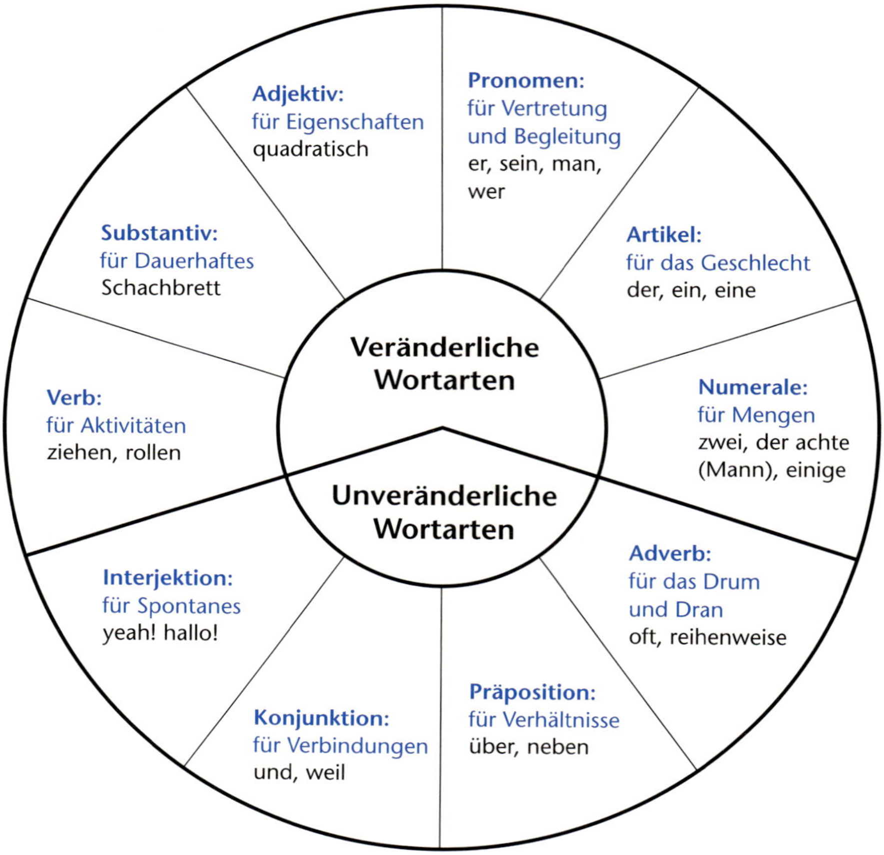

B Groß oder klein?
1. Substantiv, Satz, Überschrift, Werktitel

Übung 1

Folgende Wörter müssten korrigiert sein:

Großschreibung wegen Substantiv	*Großschreibung wegen Satzanfang*	*Großschreibung wegen Überschrift*	*Großschreibung wegen Werktitel*
Abend **S**chule **A**rbeit **S**tress **L**angeweile **W**ochen **W**ochenende **A**pplaus **T**heaterstück **M**ädchen **R**iesenerfolg **S**chulleiter **M**orgen **W**oche	**E**igentlich **I**n **W**ir **U**nser **S**o	**E**in	**D**as

Übung 2

Das Wort ***viel*** (in Zeile 2) wird kleingeschrieben, weil es nicht am Anfang eines **vollständigen Satzes** steht; es handelt sich um eine bloße Aufzählung.
Das Wort ***aber*** (in Zeile 5) wird kleingeschrieben, weil davor ein Semikolon steht *(vgl. Ausnahmen).*
Das Wort ***er*** (in Zeile 7) wird kleingeschrieben, weil der vollständige Satz als Parenthese (eingeschobener Satz) vorkommt *(vgl. Ausnahmen).*
Das Wort ***und*** (in der letzten Zeile) wird kleingeschrieben, weil der Satz mit Auslassungszeichen beginnt *(vgl. Ausnahmen).*

Übung 3

Die zusammengefügten Substantive lauten:

Begegn**ung**
Feig**ling**
Frei**heit**
Fröhlich**keit**
Irr**tum**
Kennt**nis**
Mäd**chen**
Schauspieler**ei**
Schüler**schaft**

10 : 11

2. Substantivierung

Übung 1

Folgende Wörter sind erst durch den Artikel zu einem Substantiv geworden:

Satz 2:	das **L**ernen	*(substantiviertes Verb)*
Satz 3:	das **A**rbeiten	*(substantiviertes Verb)*
Satz 4:	das **W**ichtige	*(substantiviertes Adjektiv)*
Satz 6:	das **D**rum und **D**ran	*(substantiviertes Adverb)*
Satz 7:	das **Ü**ben	*(substantiviertes Verb)*
Satz 8:	das **G**elernte	*(substantiviertes Verb: Partizip)*
Satz 9:	das **W**iederholen	*(substantiviertes Verb)*
Satz 10:	das **I**nteressante	*(substantiviertes Adjektiv)*

Übung 2

In den Klammern müssten folgende Wörter stehen:

Mit **L**ernen (das Lernen) erreicht man viel.
Durch **B**eharren (das Beharren) erreicht man das meiste.
Wir haben nur über **O**berflächliches (das Oberflächliche) geredet.

Dieses **Ü**ben (das Üben) hilft wirklich.
Solches **W**iederholen (das Wiederholen) macht fit.
Unser **A**bfragen (das Abfragen) macht sogar Spaß.

Aufmerksames **Z**uhören (das Zuhören) erspart oft Arbeit.
Lautes **S**chwatzen (das Schwatzen) stört die Konzentration.
Langsames **A**rbeiten (das Arbeiten) ist manchmal sinnvoll.

Dies ist sicher nichts **N**eues (das Neue) für dich.
In diesem Buch steht viel **N**ützliches (das Nützliche).
Alles **S**tressige (das Stressige) sollte man meiden.

Übung 3

Die Sätze 1 und 3 sind richtig.
Die Sätze 2 und 4 sind falsch. Sie müssten korrekt lauten:

2. Die nächste Klassenarbeit gelingt bestimmt besser als die **v**orige. *(Dieses Wort bleibt ein kleingeschriebenes Adjektiv, da man in Gedanken das Substantiv* **Klassenarbeit** *ergänzt.)*
4. Bei spannenden Unterrichtsstunden merkt man nicht, wie die Zeit vergeht, bei **l**angweiligen schläft man ein. *(Auch hier ergänzt man in Gedanken das Substantiv, das bereits vorgekommen ist:* **Unterrichtsstunden**.*)*

3. Eigennamen

12 13

Übung 1 *Die gesuchten Namen sind:*

Katharina **d**ie **G**roße
Johann Wolfgang **v**on Goethe
Ludwig **v**an Beethoven
Franz **v**on Assisi

Übung 2 *Die vervollständigten Namen lauten:*

August der Starke
Johanna von Orléans
Heinrich der Seefahrer
Iwan der Schreckliche

Übung 3 *Die Abkürzungen der Eigennamen lauten ausgeschrieben:*

BGB:	**B**ürgerliches **G**esetzbuch
DIN:	**D**eutsche **I**ndustrie-**N**orm
TH:	**T**echnische **H**ochschule
TÜV:	**T**echnischer **Ü**berwachungs-**V**erein

Übung 4 *Die üblichen deutschen Übersetzungen lauten:*

UN:	**V**ereinte **N**ationen
USA:	**V**ereinigte **S**taaten **v**on **A**merika
IOK:	**I**nternationales **O**lympisches **K**omitee
NATO:	**N**ordatlantische **V**erteidigungsorganisation

Übung 5 *Alle Adjektive müssen **groß**geschrieben werden:*

die **B**laue Moschee (in Istanbul)
die **G**roße Mauer (in China)
der **F**ranzösische Dom (in Berlin)
das **A**lte Rathaus (in Leipzig)

Übung 6 *Folgende geographische Gegebenheiten wurden gesucht:*

Waldreiches Mittelgebirge in Südost-Bayern:	**B**ayerischer Wald
Zweithöchste Erhebung des Sauerlandes:	**K**ahler Asten
Hauptkamm der Ostalpen:	**H**ohe Tauern
Ozean zwischen Amerika und Asien:	**S**tiller Ozean

14 15

4. Ableitungen aus Eigennamen mit *-(i)sch* und *-er*

Übung 1

Die Wörter mit der Endung -(i)sch *müssten so eingetragen sein:*

Eigenname	**Ableitungen aus Eigennamen mit *-(i)sch***
der **I**ndische Ozean	der **i**ndische Tee
der **K**anadische Schild	der **k**anadische Weizen
die **L**ibysche Wüste	der **l**ibysche Hafen
die **T**schechische Republik	das **t**schechische Bier

Übung 2

Die aus den Städtenamen gebildeten Ableitungen lauten:

die **B**erliner Stachelschweine
das **D**üsseldorfer Kom(m)ödchen
die **L**eipziger Academixer

Übung 3

Die alternativen Schreibweisen der aus den Personennamen abgeleiteten Adjektive auf -(i)sch *lauten so:*

die **f**aradayschen Gesetze	oder	die **F**araday'**schen** Gesetze
das **f**oucaultsche Pendel	oder	das **F**oucault'**sche** Pendel
das **g**rimmsche Märchen	oder	das **G**rimm'**sche** Märchen
die **k**antische Philosophie	oder	die **K**ant'**sche** Philosophie
die **m**endelschen Regeln	oder	die **M**endel'**schen** Regeln
die **p**otemkinschen Dörfer	oder	die **P**otemkin'**schen** Dörfer
die **f**reudsche Fehlleistung	oder	die **F**reud'**sche** Fehlleistung
die **d**arwinsche Evolutionstheorie	oder	die **D**arwin'**sche** Evolutionstheorie
die **a**ristotelische Logik	oder	die **A**ristoteles'**sche** Logik

Übung 4

Der gesuchte Dichter heißt Kafka.
Das aus seinem Namen abgeleitete Adjektiv heißt **k**afka**esk**; *es wird – wie die Ableitungen mit der Endung* -(i)sch *– kleingeschrieben.*

5. Anrede

16 | 17

Übung 1

Sehr geehrte Damen und Herren,
für Ihr Schreiben vom 03. 04. danken wir Ihnen.
Da alle Schüler unserer Klasse schon ein Betriebspraktikum gemacht haben, freuen wir uns besonders, unsere Kenntnisse über das Berufsleben bei Ihnen ein wenig vertiefen zu können.
Wie Sie in Ihrem Schreiben anbieten, würden wir gern an Ihrem einführenden Vortrag teilnehmen und uns danach für die Besichtigung in einzelne Gruppen aufteilen.
Mehrere aus unserer Klasse haben schon ihr Interesse bekundet, Ihre Abteilung Vertrieb kennen zu lernen, da sie mit dem Gedanken spielen, in ihrem späteren Beruf dort ihre Schwerpunkte zu setzen. Andere von uns würden lieber Ihre Produktion besichtigen. Es hat nämlich bei uns schon lange Fachdebatten gegeben, wie Sie wohl das technische Problem der Beschichtung lösen und ob die elektronischen Bauteile wohl von Ihnen selbst eingesetzt werden. Einige Schüler unserer Klasse möchten außerdem gern das Lager besichtigen; sie können sich nämlich kaum vorstellen, wie man so viele Kleinteile so übersichtlich anordnen kann, dass man bei Bedarf alles sofort findet.
Wir danken für Ihre Bereitschaft, uns dies alles zeigen zu wollen, und verbleiben mit freundlichem Gruß
Ihre 10 b

Übung 2

Hallo, Stephan!
Eigentlich wollte ich dir und meiner alten Klasse ja schon lange schreiben; aber seit wir umgezogen sind, habe ich noch weniger Zeit als vorher.
Aber heute muss es sein. Ich habe nämlich die Fotomontage, die ihr mir zum Abschied geschenkt habt, inzwischen an die Wand gehängt, und auch wenn ich sonst nicht gerade ein Fotofreak bin: Ihr gefallt mir! *(Das Wörtchen* ihr *müsste zwar eigentlich kleingeschrieben werden; da es aber der Satzanfang eines vollständigen Satzes ist, wird es ausnahmsweise großgeschrieben. Dasselbe gilt für die Wörter* du *und* ihr *des nächsten Satzes.)*
Du hast richtig gelesen: Ihr gefallt mir! Besonders das Bild, auf dem sich eure Hände ganz nah an die Kamera strecken, ist stark. Sag doch bitte den anderen, ich vergess euch nicht.
Hier ist alles anders, aber alle machen es mir leicht, mich schnell einzuleben.
Meinst du deinen Plan, mich in den Ferien zu besuchen, immer noch ernst ??? Ich würde mich riesig freuen.
Bis dann!
Deine Tina

Übung 3

Wenn Sie mit unserem Vorschlag einverstanden sind, lassen Sie uns Ihre Entscheidung bitte bald wissen.
Die Briefe wären viel schneller angekommen, wenn du sie nicht zwei Tage in deiner Tasche gehabt hättest.
Wir haben Ihretwegen so lange gewartet.
Ich habe deinetwegen noch nichts unternommen.
Für eure weiteren Schuljahre wünsche ich euch viel Erfolg.
Ich glaube, ihr werdet einen guten Abschluss schaffen.

18 19

6. Tageszeiten

Übung 1

Die Wörter wären so richtig einzusetzen:

Wer gern lange schläft, ist abends nicht so früh müde.
Wer aber am Abend lange aufbleibt, ist morgens müde.
Manche Leute werden erst abends munter.
Am Montagmorgen fällt die Arbeit manchmal schwer.
Am Freitag ist oft schon Vorfreude auf den Samstag spürbar.
Wir gehen freitags manchmal in die Disko.
Vorgestern Nachmittag war Kristin bei mir.
Weil an solchem Tag keine Schule ist, haben wir uns für Sonntag verabredet.
Am Samstagmorgen schlafe ich gern lange.
Es macht samstagsvormittags Spaß, durch die Stadt zu bummeln.
Es gibt wenige Menschen, die während des Mittags (!) ganz fit sind. *Hier ist das Wort* Mittag *ein ganz normales Substantiv, das großgeschrieben wird.*

Übung 2

Die richtig geschriebenen Sätze sind 1b und 2c.
Das Wörtchen früh *wird kleingeschrieben, auch wenn es nachgestellt wird:*
heute früh, (am) Donnerstag früh.

Übung 3

So könnten die vorgegebenen Wörter benutzt werden:

Weil der Deutschlehrer krank ist, fällt **heute Morgen** die erste Stunde aus.
Wir hatten **vorgestern Mittag** in der Schule Probe-Feueralarm.
Und **übermorgen Abend** ist Elternabend.

Am Dienstagmorgen ist schulfrei.
Die Computer-AG findet **am Mittwochnachmittag** statt.
Aber **am Freitagabend** habe ich keine Zeit.

Nach so vielen Schulstunden bin ich manchmal **mittags** müde.
Aber **dienstagabends** bin ich für unser Skateboard-Training putzmunter.
Danach schlafe ich **nachts** immer wunderbar.

Übung 4

Die Adverbien *heute, gestern, morgen* werden in diesem Fall großgeschrieben, weil sie durch einen Artikel **substantiviert** sind:
das Heute – das Gestern – das Morgen.

7. Substantiv-Adjektiv-Verbindungen

20 | 21

Übung 1

Die Lücken müssten so ausgefüllt sein:

Die **G**elben Engel fahren meist mit dem Auto.
Wer bei der Tour de France das **g**elbe Trikot bekommt, führt.
Wer unfair ist, bekommt beim Fußball die **g**elbe Karte.
Besonders Gesundheitsbewusste essen **G**elbe Rüben (= *Möhren*).
Am **G**elben Fluss wird wohl keine Radtour durchgeführt werden.

Übung 2

Die Überlegungen müssten zu folgenden Eintragungen führen:

Eigennamen → *Golden:*	sonst → *golden:*
das **G**oldene Kalb	das **g**oldene Zeitalter
das **G**oldene Buch	die **g**oldene Hochzeit
das **G**oldene Vlies	die **g**oldenen Worte
die **G**oldene Bulle	der **g**oldene Schnitt

Übung 3

Die Buchstaben müssten so ausgefüllt sein:

Eigenname:	kein Eigenname:
die **S**chwarze Witwe der **S**chwarze Freitag *(der einmalige Tag 1869, sonst: an einem* **s***chwarzen Freitag)* das **S**chwarze Meer	das **s**chwarze Geschäft die **s**chwarze Kunst die **s**chwarze Messe der **s**chwarze Mann das **s**chwarze Schaf die **s**chwarze Liste das **s**chwarze Brett

Übung 4

Welcher Tag ist am 24. Dezember?	der **H**eilige Abend	*(besonderer Kalendertag)*
Welches ist der „Tag der Arbeit"?	der **E**rste Mai	*(besonderer Kalendertag)*
Was fand zwischen 1939 und 1945 statt?	der **Z**weite Weltkrieg	*(best. histor. Ereignis)*
Welcher Friede wurde 1648 in Münster geschlossen?	der **W**estfälische Friede	*(best. histor. Ereignis)*

Übung 5

Hier wird bei allen Verbindungen von Adjektiv und Substantiv das Adjektiv kleingeschrieben.

8. Adjektive in festen Redewendungen

Übung 1

Die zu ergänzenden Redewendungen lauten:

sein Schäfchen ins **T**rockene bringen
im **D**unkeln tappen
aus dem **V**ollen schöpfen
im **T**rüben fischen
zum **B**esten geben
den **K**ürzeren ziehen

Übung 2

Mögliche feste Redewendungen wären:

im **B**esonderen
im **E**inzelnen
im **E**ntferntesten
im **F**olgenden
im **G**anzen
im **G**eheimen
im **K**laren
im **V**origen
im **Ü**brigen
im **W**esentlichen

Übung 3

Folgende Redewendungen werden kleingeschrieben, da nach der Präposition kein Artikel einsetzbar ist:

von **k**lein auf, seit **l**angem, von **n**euem, von **w**eitem, bis auf **w**eiteres, ohne **w**eiteres

Übung 4

Die adverbialen Redewendungen könnten so im Satz verwendet werden:

Der Angeklagte streitet alles **aufs Entschiedenste/aufs entschiedenste** ab.
Er fühlt sich **aufs Gröbste/aufs gröbste** verletzt.
Der Richter verurteilt die Tat **aufs Schärfste/aufs schärfste**.
Der Angeklagte ist **aufs Tiefste/aufs tiefste** gekränkt.

24 | 25

9. Spezialfälle

Übung 1

Die geforderten Sätze könnten lauten:

Die anderen sind auch dieser Meinung.
Die meisten denken über solche Dinge gar nicht nach.
Viele Leute kommen **mit wenigem** aus.

Übung 2

In dem Satz *Mancher ist auf der Suche nach dem ganz **Anderen*** kann das Wort *andere* ausnahmsweise großgeschrieben werden, weil es in diesem Zusammenhang dem Sinn nach gar **kein Zahlwort** ist, sondern bedeutet: „eine neue Welt". Die Schreibung fällt dann auch nicht unter die obige Regel, denn das Wort ist **substantiviert** und wird somit großgeschrieben.

Übung 3

Die richtige Antwort lautet ein **b**isschen, *obwohl es dazu das passende Substantiv gibt: der **B**iss.*
Die Verbindung **ein bisschen** *gilt nicht als Artikel mit Substantiv, sondern als ein Indefinitpronomen (unbestimmtes Zahlwort), und wird daher kleingeschrieben.*

Übung 4

Die Wörter müssten so eingesetzt werden:

Du bist als **D**ritter an der Reihe.
Wir kommen vom **H**undertsten ins **T**ausendste.
Beim **z**weiten Versuch gelingt es bestimmt. *(Hier liegt keine Substantivierung vor.)*
Dies sei fürs **E**rste genug.

Übung 5

Die fehlenden Buchstaben müssten so eingesetzt werden:

Der **G**ram nagte an seinem Herzen.
Ich bin dir nicht **g**ram.

Mein Verhalten tut mir **L**eid.
Ich bin deine ewigen Ausreden **l**eid.

Bist du **p**leite?
Wenn du so weitermachst, gehst du bald **P**leite.

26 27

10. Zwischentest

Übung 1

Die richtige Antwort lautet:

Alle Wortarten können – prinzipiell – zu einem Substantiv werden.

Übung 2

Die gesuchten Beispiele stehen auf Seite 23 und 24, beispielsweise:

Nach Artikel wird kleingeschrieben:	Nach Präposition wird kleingeschrieben:
das **meiste**	von **neuem**
der **eine oder andere**	ohne **weiteres**
die **anderen**	seit **langem**

Übung 3

Die eingesetzten Wörter müssten lauten:

Karl **d**er **G**roße
Unter **d**en Linden
Garmisch
römische Straßenstation
Aachener Bevölkerung
Walter **v**on **d**er Vogelweide
ptolemäisches Weltbild

Übung 4

Die korrekt eingesetzten Wörter lauten:

abends
Samstagabend
(der) **M**orgen

Übung 5

Die Verbindungen von Substantiv und Adjektiv sind so zu schreiben:

Großschreibung:

der **R**egierende Bürgermeister
der **E**rste Weltkrieg
das **F**leißige Lieschen

Kleinschreibung:

die **g**rüne Lunge
die **h**ohe Schule
die **k**ünstliche Intelligenz

Übung 6

Folgende Sätze wären zu korrigieren gewesen, da sie einen Fehler enthalten. Richtig sind sie so geschrieben:

Es tut mir **L**eid, wenn es nicht geklappt hat.
Manchmal braucht man ein **b**isschen Geduld.
Sie kann das wie kein **Z**weiter.

C Getrennt oder zusammen?
1. Verb / Partizip und Verb

28 : 29

Übung 1

Die Partizipien werden so gebildet:

Partizip Präsens	Partizip Perfekt
starke Verben: gehend gleitend laufend lesend reißend	starke Verben: gegangen geglitten gelaufen gelesen gerissen
schwache Verben: betonend drückend erwähnend trennend wackelnd	schwache Verben: betont gedrückt erwähnt getrennt gewackelt

Übung 2

Zu den Partizipien lauten die entsprechenden Infinitive:

gefahren: fahren
gefährlich: kein Partizip, sondern ein normales Adjektiv

gelähmt: lähmen
geboten: bieten

Übung 3

Es gibt nur wenige, die das Lateinische fließend sprechen.
Ein heißes Bad kann sehr entspannend wirken.
Kleine Kinder wollen stets etwas geschenkt bekommen.
In dieser Höhle muss man gebückt gehen.

30 | 31

1. Verb / Partizip und Verb (Fortsetzung)

Übung 4

Folgende Verb-Pärchen sind beispielsweise möglich:

bestehen bleiben, sitzen bleiben, stehen bleiben
flöten gehen, spazieren gehen, stiften gehen
gehen lassen, ruhen lassen, liegen lassen
kennen lernen, lieben lernen, schätzen lernen

Übung 5

Die vorgegebenen Partizipien mit einem Verb könnten so kombiniert werden:

gesagt bekommen, verborgen halten, gestohlen bleiben

Sie könnten so in Sätzen realisiert werden:

Wir haben **gesagt bekommen**, dass wir das Geheimnis nicht verraten sollen.
Einer von uns konnte es aber nicht **verborgen halten**.
Er kann mir **gestohlen bleiben**.

Übung 6

Folgende Kreuze wären richtig:

	Verb im Infinitiv	Partizip
Die Verbindung zweier Verben wird **getrennt geschrieben**.		ⓧ *(Der Infinitiv des Verbs wäre:* trennen.*)*
Die Reformen haben manche alte Rechtschreibregeln **fallen lassen**.	ⓧ	
Wer die alten Regeln kennt, könnte manchmal noch **stecken bleiben**.	ⓧ	
Ich habe neulich einen Duden **geschenkt bekommen**.		ⓧ *(Der Infinitiv des Verbs wäre:* schenken.*)*

Übung 7

Die Erklärung müsste vervollständigt lauten:

Dieser Satz passt formal nicht in dieses Kapitel, weil der erste Teil der Verbindung (***auseinander***) gar kein Verb ist, sondern ein Adverb *(vgl. hierzu auch Seite 36).*

Übung 8

Der letzte Satz müsste unterstrichen sein, da sich in ihm das schwarze Schaf befindet: Das Wort **schwer** *ist gar kein Verb, sondern ein* **Adjektiv**; *dieser – richtig geschriebene – Satz passt also gar nicht in dieses Kapitel. (Vgl. hierzu Seite 34.)*

Übung 9

Nur der letzte Satz passt in dieses Kapitel, da nur hier eine Verb-Verb-Verbindung vorliegt:

Man muss sich nicht alles **gefallen** lassen.

2. Substantiv und Verb

32 33

Übung 1

Der Text müsste so auf einem gesonderten Übungsblatt lesbar gemacht sein:

1. In den Winterferien werden wir hoffentlich **Ski laufen**.
2. Die Anreise ist zwar recht weit, aber da wir gern **Auto fahren**, macht es uns nichts aus.
3. Leute, die **Angst haben**, sollten lieber zu Hause bleiben.
4. Aber sie können einem **Leid tun**, weil sie nicht wissen, wie herrlich es auf den Pisten ist.
5. Man muss natürlich bei den Abfahrten **Acht geben**.
6. In unserem Ort ist für Notfälle in der Nähe der Lifte ein **Dienst habender** Arzt zu erreichen.
7. Zum Glück sind die Hänge nicht überfüllt, da der Tourismus hier noch nicht recht **Fuß gefasst** hat.
8. Wenn wir **heimreisen**, werden wir wohl schon von den nächsten Skiferien träumen.

Übung 2

Gemeint ist Satz Nr. 8: Das Wort heimreisen *wird nicht auseinander geschrieben, da das Substantiv* Heim *kaum noch erkennbar ist.*

Übung 3

Die Wortverbindungen zwischen Substantiv und Verb (als Partizip Präsens) müssten so lauten:

eine **Achtung** gebietende Persönlichkeit
ein **Schatten** spendender Baum
der **Aufsicht** führende Lehrer
ein **Erholung** suchender Großstädter
die **Händchen** haltenden Paare
die **Aufsehen** erregenden Ereignisse

Übung 4

Beispiele für nicht getrennte Verbindungen von Substantiv und Partizip könnten sein:

Verbindungsbuchstabe	eingesparter **Artikel**	eingesparte **Präposition**
lebens**s**rettend	maßgebend *(**das** Maß gebend)*	mondbeschienen *(**vom** Mond beschienen)*
richtung**s**weisend	kraftraubend *(**die** Kraft raubend)*	freudestrahlend *(**vor** Freude strahlend)*

3. Adjektiv und Verb

Übung 1

Die Adjektive in der Verbindung von Adjektiv und Verb könnten so gesteigert werden, dass die Getrenntschreibung einsehbar wird.

Getrenntschreibung	Mögliche Steigerung des Adjektivs in dieser Verbindung:
nahe bringen	**näher** bringen
schwer fallen	**schwerer** fallen
gut gehen	**besser** gehen
bekannt machen	**bekannter** machen
genau nehmen	**genauer** nehmen

Übung 2

Die Adjektive in der Verbindung von Adjektiv und Verb könnten so erweitert werden, dass ihre Getrenntschreibung verständlich wird.

Getrenntschreibung	Mögliche Erweiterung des Adjektivs in dieser Verbindung:
lieb haben	**(besonders)** lieb haben
geheim halten	**(ganz)** geheim halten
offen lassen	**(völlig)** offen lassen
ernst nehmen	**(sehr)** ernst nehmen
kurz treten	**(ganz)** kurz treten

Übung 3

Die kombinierten Wörter passen so zusammen:

Verbindungen eines Adjektivs mit der Endung ***-ig*** und einem Verb:
übr**ig** lassen ruh**ig** stellen

Verbindungen eines Adjektivs mit der Endung ***-lich*** und einem Verb:
heim**lich** tun deut**lich** machen

Verbindungen eines Adjektivs mit der Endung ***-isch*** und einem Verb:
krit**isch** denken log**isch** folgern

Übung 4

Mit Ausnahme des letzten Wortes sind alle Wortverbindungen ***getrennt*** *zu schreiben.*

Bei dem Wort gutschreiben entscheidet sich die Schreibweise nach der jeweiligen Bedeutung:
In der Schreibweise gutschreiben bedeutet es anrechnen.
(Beispiel: Lassen Sie es gutschreiben.)
In der Schreibweise gut schreiben bedeutet es qualitätvoll schreiben.
(Beispiel: Er kann gut schreiben.)

36 37

4. Adverb und Verb

Übung 1 *Die zusammengesetzten Adverbien wären so in ihre Bauteile zu zerlegen:*

	ursprüngliche Einzelteile:
barfuß	bar + Fuß
beiseite	bei + Seite
bergauf	Berg + auf
daheim	da + Heim
dergestalt	der + Gestalt
gleichfalls	gleich + Fall
hinterrücks	hinter + Rücken
möglicherweise	möglich + Weise
zweifelsohne	Zweifel + ohne

Übung 2 *Die zusammengesetzten Adverbien lauten:*

nebenbei, abseits, vorüber, beziehungsweise, übermorgen, hinterrücks, allenfalls, keineswegs, zuweilen, meinerseits

Übung 3 Die Wörter aufgrund und anstelle müssten gestrichen sein, da sie keine Adverbien sind, sondern: Präpositionen *(z. B. aufgrund meines Fehlers, anstelle der Figur).*
Für sie trifft die Rechtschreibregel von Seite 36 nicht zu.

38 39

4. Adverb und Verb (Fortsetzung)

Übung 4

Die vorgegebenen Wörter passen so zusammen:

durcheinander geraten
ineinander fließen
aufeinander folgen
zustatten kommen
anheim fallen
überhand nehmen
abwärts steigen
einwärts biegen
rückwärts fahren

Übung 5

Die zusammengesetzten Adverbien könnten so ergänzt werden:

abhanden kommen
zuteil werden
zugute kommen
zueinander finden
gegeneinander prallen
auseinander brechen
aufwärts klettern
seitwärts treten
vorwärts schreiten

Übung 6

Die erste der angebotenen Schreibweisen ist falsch und muss durchgestrichen sein, denn es werden drei getrennte Wörter geschrieben:

Wir haben uns noch mit dem Thema auseinander zu setzen.

Übung 7

Bei diesen Verbindungen kann man wählen zwischen folgenden Schreibweisen:

zusammengesetztes Adverb	zerlegtes Adverb
instand setzen	**in Stand** setzen
zugrunde gehen	**zu Grunde** gehen
zuleide tun	**zu Leide** tun
zurande kommen	**zu Rande** kommen
zuschanden machen	**zu Schanden** machen
zuschulden kommen	**zu Schulden** kommen
zustande bringen	**zu Stande** bringen
zutage fördern	**zu Tage** fördern
zuwege bringen	**zu Wege** bringen

Übung 8

Die Lücken müssten so ergänzt sein:

Das Daheimbleiben war nicht eingeplant.
Das Andersdenken führt manchmal zur Ausgrenzung.
Das Auswendiglernen ist manchmal nützlich.

5. Verbindungen mit *sein*

40 41

Übung 1

Die ergänzten Sätze sehen so aus:

Wenn man gut drauf ist, gelingt alles besser.
Beim Surfen muss man imstande sein, die richtige Auswahl zu treffen.
Ich will mal schauen, ob er heute da ist.
Als ich im Internet drin war, habe ich interessante Infos gefunden.
Es ist schade, dass die Zeit schon um ist.
Es wäre netter, wenn wir real zusammen sein könnten.

Übung 2

Weitere gebräuchliche Verbindungen mit dem Hilfsverb sein *sind z. B.:*

auf sein – aus sein – außerstande sein – beieinander sein – beisammen sein – dabei sein – durch sein – heraus sein – hin sein – hinunter sein – hinüber sein – vorbei sein – zu sein – zumute sein – zurück sein

Übung 3

Bei folgenden Verbindungen mit dem Hilfsverb *sein* kann man auswählen zwischen:

außerstande sein oder **außer Stande** sein
imstande sein oder **im Stande** sein
zumute sein oder **zu Mute** sein

Übung 4

Die Sätze 4 und 5 passen nicht zum Thema dieses Kapitels, da es sich um normale Verben im Perfekt handelt.

Übung 5

Die falsch geschriebenen Verbindungen müssten so korrigiert sein:

Kannst du heute schon vor Beginn meiner Party hier sein?
Du kannst dann dabei sein, wenn die ersten Gäste kommen.
Da wir morgen schulfrei haben, können wir lange zusammen sein.
Damit die Nachbarn zufrieden sein können, müssen wir die Fenster schließen.

42 : 43 6. Zusammenschreibung

Übung 1

Die auseinander geschriebenen Wörter haben folgende Bedeutung:

zusammen tragen	gemeinsam tragen
vorher sagen	früher sagen
gleich kommen	sofort kommen

In dieser Bedeutung könnten sie auseinander geschrieben (!) in folgenden Sätzen vorkommen:

Das schwere Teleskop muss man **zusammen tragen**.
Ich hätte dir schon lange **vorher sagen** können, dass der Himmel bewölkt ist.
Er wird **gleich kommen**.

Übung 2

Die unterschiedlich geschriebenen Wörter bedeuten auch Unterschiedliches, nämlich:

freisprechen	für nicht schuldig erklären
frei sprechen	ohne Manuskript sprechen
feststehen	gelten
fest stehen	einen sicheren Stand haben
großschreiben	mit großem Anfangsbuchstaben schreiben
groß schreiben	mit großer Schrift schreiben

Übung 3

Folgende zusammengesetzte Verben bilden eine gedankliche Einheit:

Bedeutung	**zusammengesetztes Verb**
jemanden blamieren	bloßstellen
bestimmen, festlegen	festsetzen
eine Fernsehsendung anschauen	fernsehen
unversteuerte Lohnarbeit verrichten	schwarzarbeiten
jemanden durch einen Schlag töten	totschlagen
etwas vorhersagen	wahrsagen
außer Betrieb setzen	stilllegen
wegen Krankheit die Arbeitsunfähigkeit bescheinigen	krankschreiben
aus repräsentativen Teilergebnissen das Gesamtergebnis vorausberechnen	hochrechnen

Wie man sieht, handelt es sich um Wörter, bei denen Adjektive mit Verben zusammengesetzt sind. Falls man nun (im Sinne der Regel von Seite 34) überprüft, ob man diese Adjektive steigern oder erweitern kann oder ob sie auf -ig, -lich, -isch *enden, so kommt man – natürlich (!) – zu demselben Ergebnis: Sie werden auch aus diesem Grund nicht getrennt geschrieben.*

Übung 4

Dies sind die ergänzten Wörter:

aus	entlang	mit
bei	fort	um
dazu	herbei	zuvor

Übung 5

Bei dieser Getrenntschreibung ist ***zusammen*** ein eigenes Wort mit eigener Bedeutung und meint ***gemeinsam***.

7. Allerlei Besonderheiten

44 45

Übung 1

Das Wörtchen *so* ist hier eingefügt worden.
Für diesen Fall gilt diese Regel nicht.

Übung 2

Solange, sobald, sooft *sind Konjunktionen (der Zeit).*

Man schreibt sie zusammen, weil sie jeweils zu einem einzigen Begriff verschmolzen sind, also eine gedankliche Einheit bilden *(vgl. Regel S. 42).*
Solange *bedeutet* während, sobald *bedeutet* in dem Moment, sooft *bedeutet* immer wenn.

Übung 3

In den Sätzen 2, 3 und 5 handelt es sich nicht um die Konjunktionen solange, sobald, sooft *(die zusammengeschrieben werden), sondern um die Wörter* **lange, bald, oft,** *die durch das Wort* **so** *verstärkt (erweitert) werden:*

1. Solange wir Spaß haben, ist ja alles in bester Ordnung.
2. Wir haben so lange auf dich gewartet.
3. Ich hatte nicht gedacht, dass es schon so bald klappt.
4. Sobald es klappt, rufe ich dich an.
5. Ich habe es schon so oft versucht.
6. Sooft ich dich anrufe, gehst du selten sofort ans Telefon.

Übung 4

Diese Verbindungen werden zusammengeschrieben, weil der erste Bestandteil der Verbindungen **nicht auf *-ig, -lich, -isch*** endet. *Die Schreibweise muss also sein:* blaugrau, feuchtwarm, nasskalt.

Übung 5

Die vervollständigten Sätze könnten lauten:

Der Himmel ist leuchtend blau. *(Ergänzung: Partizip Präsens)*
Die Wolken sind strahlend weiß. *(Ergänzung: Partizip Präsens)*
Die Fotos sind gestochen scharf. *(Ergänzung: Partizip Perfekt)*

Übung 6

In Satz 1 und 3 ist jeweils ein Fehler:

brütend heiß *wird getrennt geschrieben, da der erste Bestandteil ein Partizip ist;*
riesig groß *wird getrennt geschrieben, da das Adjektiv auf* -ig *endet.*

46 47 8. Zwischentest

Übung 1

So lauten die wichtigsten Regeln:

Verbindungen eines **Verbs** (im Infinitiv) oder eines **Partizips** mit einem zweiten Verb werden immer (!) auseinander geschrieben.

Verbindungen eines **Substantivs** mit einem Verb werden meist auseinander geschrieben.

Verbindungen eines **Adjektivs** mit einem **Verb** werden nur dann **auseinander** geschrieben,
wenn das Adjektiv gesteigert werden kann
oder wenn das Adjektiv erweitert werden kann
oder wenn es sich um ein Adjektiv mit der Endung *-ig, -lich, -isch* handelt.

Verbindungen von **zusammengesetzten Adverbien** mit einem Verb werden getrennt geschrieben.
Dies gilt vor allem für Adverbien, die gebildet werden mit *-einander* oder *-wärts.*

Verbindungen mit dem Hilfsverb ***sein*** werden immer (!) auseinander geschrieben.

Wörter werden zusammengeschrieben, wenn sie zu einem einzigen Begriff verschmolzen sind, also eine gedankliche Einheit bilden.

Übung 2

Die Erklärungen für die Schreibweise der unterstrichenen Wörter lauten:

Wortverbindung:	**auseinander geschrieben** wegen:	**zusammengeschrieben** wegen:
kennen gelernt	Verb im Infinitiv + Verb	
aufeinander bezogen	zusammengesetztes Adverb mit *-einander* + Verb	
auseinander geschrieben	zusammengesetztes Adverb mit *-einander* + Verb	
zusammengeschrieben		Adverb + Verb zu einer gedanklichen Einheit verschmolzen (zusammen *bedeutet hier nicht* gemeinsam*!)*
Acht geben	Substantiv + Verb	
irreführen lassen		verblasstes Substantiv + Verb
maßgebend		Substantiv + Verb, jedoch Artikel eingespart (**das** Maß)
schwer fallen	steigerungsfähiges Adjektiv + Verb	
übrig bleiben	Adjektiv mit Endung *-ig* + Verb	
zugute halten	zusammengesetztes Adverb + Verb	
zufrieden sein	Verbindung mit dem Hilfsverb *sein*	

D Bindestrich

48 49

Übung 1 *Folgende Verbindungen dürfen* ***keinen Bindestrich*** *haben:*

3fach, 20stel, 15er.
Begründung: Weil vor den **Nachsilben Ziffern** (und keine Einzelbuchstaben) stehen.

Übung 2 Alle Bindestriche sind **richtig** gesetzt.

Übung 3 *Die gesuchten Wörter lauten:*

Stress-Situation, Autobahn-Überwachungsdienst

Übung 4 *Die Sätze mit substantivierter Wortgruppe lauten so:*

Wer das gemütliche **A**us-dem-Fenster-**S**chauen liebt, sollte lieber mit der Bahn fahren.
Aber das **A**uf-den-Zug-warten-**M**üssen hat auch seine Nachteile.

E Worttrennung

Übung 1

Die Wörter könnten so getrennt werden:

ge-müt-lich – in-di-vi-du-ell – e-ben-er-dig – ein-rich-ten – Trep-pen-haus – Ra-di-o-ge-rät – Te-le-fon – Mo-bi-li-ar – Gar-de-ro-be – Fens-ter-bank

Übung 2

Die vorgegebenen Silben lassen sich so zusammenfügen:

Be-sen, O-fen, Re-gal, Mö-bel, Ha-ken, Lei-ter, Ei-mer, Hei-zung, Va-se, Blu-me

Übung 3

Die falsch getrennten Wörter werden korrekt so getrennt:
Stöp-sel, Pols-ter *(Alle anderen Wörter sind richtig getrennt.)*

Übung 4

Die ergänzten Wörter lauten:

Be-cher, Be-cken, Bü-cher/Bü-sche, De-cke/De-ckel, Du-sche, Ni-sche, Rü-sche/Rü-cken, So-ckel/So-cke, Ste-cker, Wä-sche

Übung 5

Die zerlegte Buchstabenkette enthält folgende zusammengesetzten Wörter:

Vor-hang, Tür-griff, Stand-uhr, Sitz-platz, Schuh-schrank, Schub-fach, Schreib-tisch, Hand-tuch, Ein-gang, Back-blech

Übung 6

Folgende Trennmöglichkeiten gibt es bei den vorgegebenen Wörtern:

	Trennung nach Sprechsilben:
Chir-urg	Chi-rurg
in-ter-es-sant	in-te-res-sant
par-al-lel	pa-ral-lel
Mon-arch	Mo-narch
Päd-ago-gik	Pä-da-go-gik
dar-um	da-rum
ein-an-der	ei-nan-der

F Abschlusstest

52 53

Übung 1

Die fehlenden Buchstaben waren so einzusetzen:

Die Große Mauer in China ist beeindruckend.
Eine große Anstrengung vergisst man bei Erfolg.
Der Deutsch-Französische Krieg fand 1870/71 statt.
Die deutsch-französische Kirchenbaukunst ist von besondere Art.
Wir beobachten eine Sonnenfinsternis.
Durch Beobachten lernt man viel.
Würden Sie mir bitte Ihren Fahrschein zeigen?
Fahrgäste werden manchmal kontrolliert, wenn sie in der S-Bahn sitzen.
Am nächsten Dienstag, und zwar mittags gleich nach der Schule, hole ich dich ab.
Wir gehen dienstagsmittags manchmal in die Stadt.
Über das Buch „Die Welle" kann man lange nachdenken.
Auch mich hat die Welle der Begeisterung mitgerissen.
Das war eine gemeine Idee.
Eine Gemeine Stubenfliege kennt jeder.
Manchmal sieht es so aus, als sei der Staat eine Familie im Großen.
Im großen sozialen Gefüge herrschen aber noch andere Kräfte.
Mir wird angst, wenn ich nur daran denke.
Wer gesunde Angst hat, handelt nicht leichtsinnig.
Es wäre das Beste, nach einigen Wochen noch einmal die Regeln dieses Buches zu wiederholen.
Das beste Erfolgserlebnis wäre dann eine erfreuliche Diktatnote.

Übung 2

Die Wörter wären so einzusetzen:

An den neuen Sitzen lassen sich die Armlehnen verstellen.
Wir dürfen sie morgen nicht sitzen lassen.
Wann hast du lesen gelernt?
Für den Lesewettbewerb haben sie in der Schule anspruchsvolles Lesen gelernt.
Können Sie mir den genauen Preis geben?
Wir wollen die Hoffnung nicht preisgeben.
Schnee bedeckte die Gipfel.
Schneebedeckte Gipfel laden zum Fotografieren ein.
Ein Referat sollte man frei sprechen.
Man kann euch nicht von einer gewissen Verantwortung freisprechen.
Die Meteorologen hatten das Gewitter vorhersagt.
Hättest du es vorher gesagt, dass du es nicht kannst, hätte ich dir geholfen.
Das Musik-Erleben ist nicht jedermanns Sache.
Das Musiker-Leben ist recht abwechslungsreich verlaufen.
Wer alles gleichmachen möchte, den stört bald die Eintönigkeit.
Manches sollte man gleich machen, statt es auf die lange Bank zu schieben.